365
चुटकुले

आबिद सुरती

आबिद सुरती

प्र
प्रभात
प्रकाशन

प्रकाशक • **प्रभात प्रकाशन प्रा. लि.**
4/19 आसफ अली रोड,
नई दिल्ली–110002

संस्करण • 2025
अनुवाद • आबिद सुरती
मूल्य • चार सौ रुपए
मुद्रक • नरुला प्रिंटर्स, दिल्ली

---

365 CHUTKULE

by Abid Surati ₹ 400.00
Published by Prabhat Prakashan Pvt. Ltd., 4/19 Asaf Ali Road, New Delhi-2
e-mail: prabhatbooks@gmail.com ISBN 978-93-5186-489-9

पाठक, तुझे सलाम

सन् 1963 में ढब्बूजी का पहला चुटकुला छपा, तब से लेकर आज तक उनकी शोहरत बढ़ती ही गई है। 'छोटे मियाँ तो छोटे मियाँ, बड़े मियाँ सुब्हानअल्ला', यानी ढब्बूजी के प्रशंसक सिर्फ 'छोटे मियाँ' ही नहीं, 'बड़े मियाँ' भी हैं। 'धर्मयुग' पत्रिका में कार्टून कोना 'ढब्बूजी' छपता था, तब पत्रिका के घर आने पर कई परिवारों में बच्चों और बूढ़ों के बीच छीना-झपटी हो जाती थी कि पहले कौन पढ़े!

अब सवाल यह उठता है कि इस ख्याति का राज क्या है? क्यों ढब्बूजी का चुटकुला पढ़कर बूढ़े भी बच्चे बन जाते हैं? ऐसी क्या बात है ढब्बूजी के हँसगुल्लों में कि मम्मी-पापा भी सबकुछ भूलकर उनमें रम जाते हैं?

शायद इसलिए कि बच्चों के लिए उनमें मासूम शरारतें हैं तो बुजुर्गों के लिए जीवन के दु:खों को भुलाने की बूटी।

किसी भूले को ढब्बूजी राह बताते हैं तो किसी हारे को जीने की शक्ति भी देते हैं। लेकिन उनमें सबसे बड़ा गुण यह है कि वह जात-पाँत, ऊँच-नीच के भेदभाव नहीं मानते। यही कारण है कि ढब्बूजी के चाहनेवाले कश्मीर से लेकर कन्याकुमारी और भारत से लेकर अमेरिका, रूस, चीन तक फैले हुए हैं।

इन लाखों प्रशंसकों में एक आप भी हैं।

ढब्बूजी का आपको सलाम।

मुंबई, अक्तूबर 2000

—आबिद सुरती

1 काम मुश्किल है

एक दिन ढब्बूजी केक खरीदने के लिए बाजार गए। मुश्किल से उन्होंने एक केक पसंद किया।

बेकरी का कर्मचारी बोला, 'हाँ तो ढब्बूजी, आप केक कटा हुआ चाहेंगे या पूरा?'

'कटा हुआ।' ढब्बूजी ने कहा।

'कितने टुकड़े करूँ, चार या आठ?'

'चार ही करो जी, आठ टुकड़े खाना जरा मुश्किल होता है!!'

2 समय की बात

ढब्बूजी रसोई में बैठे थे। चूल्हे पर रखा दूध उबल-उबलकर बरतन से बाहर उफन रहा था।

श्रीमती ढब्बूजी गुस्से में फनफनाती हुई रसोई में दाखिल हुईं और बोलीं, 'क्या मैंने आपसे यह नहीं कहा था कि दूध उबलने के समय का खयाल रखना?'

'हाँ, कहा था! दूध ठीक बारह बजकर बारह मिनट पर उबला है।' ढब्बूजी ने कलाई पर बँधी घड़ी दिखाते हुए कहा।

3 ऊपरवाली क्लास

मुन्ना स्कूल जा रहा था। ढब्बूजी ने देखा, उसने बस्ता भी उठा रखा है और सीढ़ी भी। उन्हें बड़ी हैरानी हुई। मुन्ने से पूछने लगे, 'यह सीढ़ी लेकर किधर जा रहे हो, साहब?'

'पापाजी, मास्टरजी ने कहा है कि मैं इम्तिहान में पास हो गया हूँ और आज से ऊपर की क्लास में बैठूँगा।' मुन्ने ने जवाब दिया।

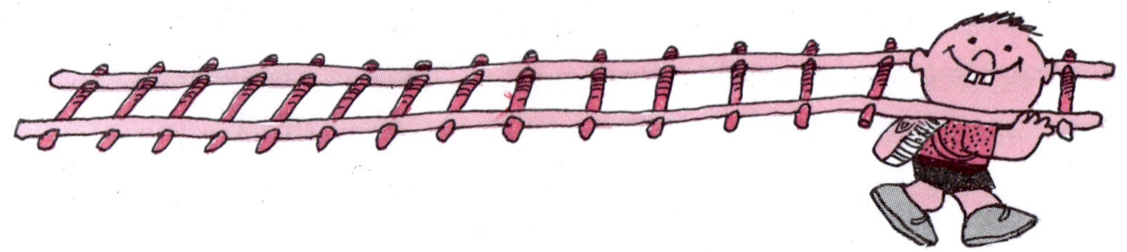

4 मतलब की बात

राह चलते एक व्यक्ति की पीठ पर जोर से धौल जमाते हुए ढब्बूजी बोले, 'अरे चंदूलाल! कैसे हो?'

'उफ्! मैं...मैं...मैं...चंदूलाल नहीं हूँ।' वह व्यक्ति कराहकर पलटा और आँखें फाड़-फाड़कर देखता हुआ बोला, 'अगर होता भी तो इतने जोर से कोई मारता है!'

'मैं चंदूलाल को कितने भी जोर से मारूँ, तुमसे मतलब!' ढब्बूजी बोले।

5 नुकसान में फायदा

एक बजाज की दुकान में आग लग गई। ढब्बूजी उसके मालिक से सांत्वना प्रकट करने गए। बोले, 'आपकी साड़ियों की दुकान जल जाने से आपको काफी नुकसान हुआ होगा।'

'जी नहीं, सिर्फ आधा ही नुकसान हुआ।' दुकानदार ने कहा।

'वह कैसे?'

'सेल के कारण साड़ियों पर पचास प्रतिशत की छूट मिल रही थी।'

6 समझदार पति

रात हो चुकी थी। श्रीमती ढब्बूजी बेलन लिये द्वार पर ही बैठी थीं। ढब्बूजी आए तो

दहाड़कर बोलीं, 'आज फिर देर से लौटे! कहाँ गए थे, महाशय?'

'देखो,' ढब्बूजी ने संयत स्वर में कहा, 'एक समझदार पत्नी अपने पति से कभी भी ऐसा सवाल नहीं करती।'

'और एक समझदार पति?' श्रीमतीजी ने गुस्से में पूछा।

'अब छोड़ो भी।' ढब्बूजी बोले, 'समझदार पति की तो पत्नी ही नहीं होती।'

7 दिल का दौरा

चंपकलालजी ने ढब्बूजी के बेटे मुन्ने की योग्यता के बड़े किस्से सुन रखे थे। एक दिन उनके जी में आया, जरा परीक्षा लेकर तो देखें। मुन्ना गली में ही खेलता मिल गया।

चंपकलालजी ने उसे बुलाया और पूछा, 'मुन्ने! अगर तुम्हारे पापा प्रति माह हजार रुपए कमाते हों और उनमें से आधे वे तुम्हारी मम्मी को दे दें तो तुम्हारी मम्मी के हिस्से क्या आएगा?'

'दिल का दौरा!' मुन्ने ने तुरंत उत्तर दिया।

8 लाल का भाई भी लाल

ढब्बूजी : पोपटलाल! तुम्हें देखता हूँ तो मुझे चंदूलाल की याद आ जाती है।

पोपटलाल : लेकिन मुझमें और चंदूलाल में शायद ही कोई बात कॉमन हो!

ढब्बूजी : क्यों नहीं! पिछले तीन साल से आप दोनों ने मुझसे कर्ज लिये सौ-सौ रुपए आज तक नहीं लौटाए!

9 धीरज का फल मीठा होता है

ढब्बूजी रसगुल्ला क्लब के मैनेजर के पास पहुँचे और बोले, 'मैनेजर साहब, मैं इस्तीफा देना चाहता हूँ।'

'क्या हुआ?' मैनेजर ने पूछा।

'एक सदस्य ने कहा कि मैं बिलकुल बोर आदमी हूँ, और अगर मैं इस्तीफा दे दूँ तो वह मुझे पचास रुपए देगा।' ढब्बूजी ने बताया।

'जल्दबाजी में निर्णय मत लीजिए, ढब्बूजी। कुछ महीने और रुके रहिए। शायद आपको कोई सौ रुपए देनेवाला भी मिल जाए।'

10 बरबादी का कारण

श्रीमती ढब्बूजी उस दिन ढब्बूजी पर बरस ही पड़ीं, कहने लगीं, 'तुम जानते हो, मुझे खाना पकाना नहीं आता, फिर भी लोगों से कहते फिरते हो कि मैं बहुत अच्छा पकाती हूँ?'

'तुमसे शादी करने का कम-से-कम एक कारण तो मुझे बताना ही चाहिए न!' ढब्बूजी ने बड़ी मासूमियत से कहा।

11 बेटा भी कम नहीं

मुन्ना घंटे भर बाद कमरे से निकला। ढब्बूजी ने चकित होकर पूछा, 'हैं! उस कमरे में

तुम घंटे भर से क्या कर रहे थे?'

'यह तो मैं नहीं जानता।' मुन्ने ने कहा।

'क्यों?'

'उस कमरे में अँधेरा जो है!' मुन्ने ने जवाब दिया।

12 एग्रीमेंट

एक दिन चंदूलाल की चने की दुकान पर पहुँचकर ढब्बूजी बोले, 'अरे चंदूलाल! पाँच रुपए कर्ज चाहिए।'

'सॉरी! बैंक से एग्रीमेंट है, नहीं दे सकता।'

'एग्रीमेंट! कैसा?'

'बैंक चने नहीं बेच सकता और मैं किसीको कर्ज नहीं दे सकता।'

13 फटे धोती बने रूमाल

ढब्बूजी ने कपड़े धोने को दिए थे। लेने पहुँचे तो कपड़ों की हालत देखकर उनका पसीना छूट गया।

'अरे, यह वॉशिंग कंपनी है या दर्जी की दुकान!' वे चिल्लाकर बोले, 'यह देखो, वस्त्रों की कैसी हालत की है!'

'सेठजी! ये पट्टियाँ तो बिलकुल ठीक धोई गई हैं।

देखिए, एक भी दाग नजर नहीं आता!'

'पट्टियाँ! अरे, यह तो मेरे पलंग की चादर थी!' ढब्बूजी ने सिर पीटते हुए कहा।

14 सास निर्दोष है

ढब्बूजी और उनकी श्रीमतीजी में किसी बात को लेकर खटपट हो गई। ढब्बूजी पछतावे के स्वर में बोले, 'अगर मैंने अपनी माँ की सलाह मानकर तुमसे शादी न की होती तो आज मैं खुश होता!'

'क्या सचमुच तुम्हारी माँ ने तुम्हें रोका था?' श्रीमती ढब्बूजी पूछने लगीं।

'हाँ-हाँ।'

'हे भगवान्!' श्रीमती ढब्बूजी के स्वर में रोना घुल गया, 'मैं आज तक अपनी सास को इस शादी के लिए कोसती रही। मुझे क्षमा करना, सासजी!' और उन्होंने सास की आत्मा को हाथ जोड़ दिए।

15 चावल में कॉंकर

एक सज्जन अपने सभी बच्चों को एक सी पोशाक पहनाए गली से गुजर रहे थे। ढब्बूजी देखकर हैरानी से पूछ बैठे, 'हैं! यह क्या? सारे बच्चों की एक सी पोशाकें! ऐसा क्यों?'

'इसलिए कि मेरे दर्जन भर बच्चों में कहीं आपका मुन्ना भी शामिल न हो जाए!' उन सज्जन ने सीधा सा जवाब दिया।

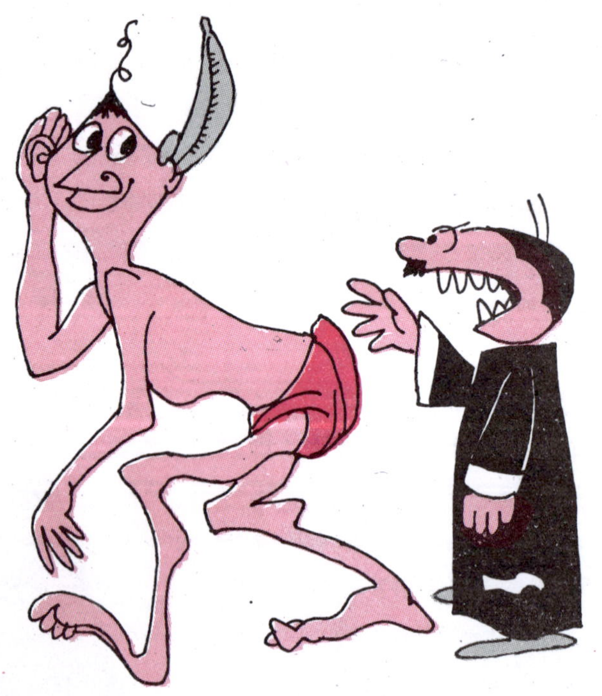

16 जब मिल बैठे दीवाने दो

चंदूलाल चला जा रहा था और उसके कान में एक केला ठुसा हुआ था। रास्ते में ढब्बूजी मिल गए। हैरानी

से बोले, 'अरे चंदूलाल! तुम्हारे कान में केला है!'

'क्या?' चंदूलाल ने चौंककर कहा।

'मैंने कहा, तुम्हारे कान में केला है।'

'क्या कहा?'

ढब्बूजी ने अब चिल्लाकर कहा, 'केलाऽऽऽऽ! तुम्हारे कान में…'

'क्षमा कीजिए, ढब्बूजी! मुझे कुछ भी सुनाई नहीं देता। मेरे कान में केला है।' चंदूलाल बोला।

17 लाइलाज

डॉक्टर : ढब्बूजी, आपको चाय छोड़नी होगी।

ढब्बूजी : पर डॉक्टर साहब, मैं तो चाय पीता ही नहीं हूँ।

डॉक्टर : तब आपको सिगरेट पीना छोड़ना होगा।

ढब्बूजी : लेकिन मैं तो सिगरेट भी नहीं पीता हूँ।

डॉक्टर : यह तो बहुत बुरी बात है! अगर आप कुछ भी छोड़ने के लिए तैयार नहीं होंगे तो मैं आपका इलाज कैसे करूँगा?

18 किस्मत का मारा

एक बार ढब्बूजी अपनी श्रीमतीजी के साथ टहलने निकले। रास्ते में एक ज्योतिषी को देखकर श्रीमतीजी वहीं बैठ गईं।

'तो आप अपने पति का भविष्य जानना चाहती हैं?' ज्योतिषी ने पूछा।

'जी नहीं! उनका भविष्य तो मेरे हाथों में है। मैं तो उनका भूतकाल जानना चाहती हूँ!' श्रीमती ढब्बूजी बोलीं।

19 नंबरी नाम

मुन्ना भागता हुआ ढब्बूजी के पास आया और बोला, 'पापा, पापा! आज हमारे नए पड़ोसी ने मुझसे मेरा नाम पूछा।'

ढब्बूजी खुश हो गए। उत्साहित होकर बोले, 'शाबाश! फिर?'

'फिर उन्होंने पुलिसवालों को दे दिया!'

20 सही वजह

एक दिन चंदूलाल ने ढब्बूजी से पूछा, 'अच्छा, बताइए तो, डाकू मानसिंह सिर्फ अमीरों को ही क्यों लूटता था?'

'क्योंकि गरीब लोग सचमुच ही कड़के थे।' ढब्बूजी ने जवाब दिया।

21 एक का चार

इंटरव्यू में सब आवेदकों से यह पूछा जा रहा था कि वे कौन-कौन सी भाषाएँ जानते हैं। ढब्बूजी का नंबर आया तो वे चिंतित हो उठे। उनसे भी पूछा गया, 'हाँ, तो ढब्बूजी, आप कितनी भाषाएँ पढ़-लिख और बोल सकते हैं?'

'चार!' ढब्बूजी ने चहककर कहा।

'कौन-कौन सी?'

'हिंदी, देवनागरी, हिंदुस्तानी और…राष्ट्रभाषा!' ढब्बूजी ने बड़े आत्मविश्वास के साथ उत्तर दिया।

22 बंपर

श्रीमती ढब्बूजी बहुत दुःखी थीं। ढब्बूजी से उन्हें शिकायतें-ही-शिकायतें थीं। एक दिन वे शिकायत भरे स्वर में बोलीं, 'क्रिकेट में तो आपको सारी बातें याद रहती हैं, पर हमारी शादी की तारीख आपको कभी भी याद नहीं रहती!'

ढब्बूजी ने कहा, 'वाह! वह दिन तो मुझे बराबर याद आता है। उसी दिन तो सचिन गुगली से एल.बी.डब्ल्यू. हो गया था और हमारी टीम का भुरता बन गया था!'

23 फंदा

मुन्ना सुबह से पेड़ के नीचे खड़ा था। एक सज्जन दो-तीन बार वहाँ से गुजरे और मुन्ने को ज्यों-का-त्यों खड़ा देखकर बड़े प्रभावित हुए। आखिर उनसे नहीं रहा गया तो वे ढब्बूजी के पास जाकर बोले, 'ढब्बूजी, आपका मुन्ना बड़ा ही शरीफ है! सवेरे से एक ही जगह चुपचाप खड़ा है!'

ढब्बूजी ने कहा, 'भाई साहब, दरअसल, आज मुन्ना ने पहली बार गले में टाई बाँधी है और वह यह समझकर चुप खड़ा है कि किसीने उसे पेड़ से बाँध दिया है।'

24 व्यापारी का बाप

ढब्बूजी के कंधे पर हाथ रखकर चंदूलालजी बोले, 'अरे ढब्बूजी! धंधे में मेरा मुकाबला कोई भी नहीं कर सकता। एक रुपए में खरीदी हुई चीज यदि पच्चीस पैसे में भी बेच दूँ, तब भी फायदे में ही रहता हूँ!'

'नामुमकिन, साहब!' ढब्बूजी ने कहा।

'निकालो पच्चीस पैसे!'

'यह लो!' ढब्बूजी ने पच्चीस पैसे देते हुए कहा।

चंदूलाल ने जेब में फट से डाला और बस का एक पुराना टिकट निकालकर ढब्बूजी की हथेली पर रख दिया तथा कहा, 'अब देखो! यह बस का टिकट मैंने एक रुपए में खरीदा था—पच्चीस पैसे में तुम्हारा, मैं चला।'

25 चाहता हूँ पहाड़, दे दो चूहा

ढब्बूजी एक बड़ी दुकान पर पहुँचे।

दुकानदार ने उनकी खूब आवभगत करते हुए कहा, 'आइए-आइए! पधारिए, सेठजी! कहिए, आप क्या चाहते हैं?'

'बस वही—एक बहुत बड़ी कोठी, फर्नीचर, कालीन, गाड़ी, दरबान...पर फिलहाल जूते का फीता खरीदकर ही संतोष कर लूँगा—वह भी दस पैसेवाला।' ढब्बूजी ने कहा।

26 बीवी और घोड़ा

रेस का शौक ढब्बूजी का पुराना शौक था। एक दिन श्रीमती ढब्बूजी जिद करने लगीं कि मैं भी साथ चलूँगी। ढब्बूजी साथ ले गए! ढब्बूजी ने भाड़े पर एक घोड़ा लिया।

रेस शुरू हुई तो श्रीमतीजी बोलीं, 'आज मैं बहुत खुश हूँ।'

'क्यों?' ढब्बूजी ने पूछा।

'क्योंकि आपने उसी घोड़े पर पैसा लगाया, जो मेरे नाम का था।'

'और तुम्हारी तरह वह भी आधा घंटा देर से चला!' ढब्बूजी ने माथा ठोकते हुए कहा।

27 बूढ़ा घोड़ा

एक दिन एक बुजुर्ग ढब्बूजी के पास आए। बड़े दुःखी लग रहे थे। आते ही ढब्बूजी से

मुन्ने की शिकायत करने लगे, 'अपने मुन्ने की हिम्मत तो देखो! उसने मुझे बूढ़ा घोड़ा कहा! बताओ, अब मैं करूँ तो क्या करूँ?'

'आप कुछ मत कीजिए।' ढब्बूजी ने उन्हें समझाया, 'बहुत जल्द मैं एक ताँगा खरीदने वाला हूँ...'

28 चलती का नाम गाड़ी

चंदूलाल ढब्बूजी की मोटर में उनके साथ कहीं जा रहा था। मोटर तरह-तरह की आवाजें कर रही थी—कभी फुस्स तो कभी खटाखट, कभी धड़ाम तो कभी ठिशूँऽऽ!

चंदूलाल ने पूछा, 'आपकी मोटर के सारे पुरजे हमेशा ऐसे ही चीखते हैं?'

ढब्बूजी ने कहा, 'नहीं तो! हाँ, जब मोटर चलती है तब अवश्य ऐसी आवाजें सुनाई पड़ती हैं।'

29 ढब्बूजी की सोच निराली

मोटर चलाता हुआ एक आदमी उस तालाब के पास आ पहुँचा जिसके किनारे ढब्बूजी बैठे हुए थे। मोटरवाले ने खिड़की से सिर बाहर करते हुए उनसे पूछा, 'क्या मैं तालाब पार कर सकता हूँ?'

ढब्बूजी ने कह दिया, 'हाँ, हाँ।' मोटरवाले ने बिना सोचे-समझे मोटर आगे बढ़ा दी। पानी गहरा था। उसकी मोटर डूब गई। किसी तरह वह आदमी बाहर आया और ढब्बूजी पर बरस पड़ा, 'आपने कहा कि मैं तालाब पार कर सकता हूँ, पर देखिए, क्या हुआ! मेरी पूरी मोटर ही डूब गई।

मेरी जान तो बच गई पर कृपाकर जरा यह तो बताइए कि क्या सोचकर आपने 'हाँ' कहा?'

'भाई साहब, पानी बत्तख के पैरों तक था। सो मैंने सोचा, ज्यादा गहरा नहीं होगा।'

30 पड़ोसी गूँगा है

एक दिन ढब्बूजी दीवार से कान लगाकर कुछ सुनने की कोशिश कर रहे थे। श्रीमतीजी ने देखा और बोलीं, 'क्या सुन रहे हो जी?'

'तुम खुद ही सुन लो, मुझे डिस्टर्ब क्यों करती हो!' ढब्बूजी ने कहा।

श्रीमतीजी ने कान दीवार से लगा दिया। फिर सिर झटकती हुई बोलीं, 'मुझे तो कुछ भी सुनाई नहीं देता।'

'कहाँ से सुनाई देगा? पिछले छह महीनों से मैं कोशिश कर रहा हूँ, मुझे ही कुछ सुनाई नहीं पड़ा!'

31 बंदर का बेटा

एक दिन एक मास्टर साहब बच्चों को सृष्टि के निर्माण के बारे में बता रहे थे। बच्चों में ढब्बूजी का मुन्ना भी था।

कक्षा समाप्ति के बाद मास्टर साहब बोले, 'तो अब समझ गए न कि इस सृष्टि का निर्माण कैसे हुआ?'

तोतली जुबान में मुन्ना बोला, 'पर···गुरुजी, मेरे पापा तो कहते हैं कि हम बंदर की संतान हैं!'

मास्टरजी ने कहा, 'भई, यह तुम्हारा अपना मामला है और निजी मामले में मैं दखल नहीं दे सकता।'

32 लो, कर लो बात!

'ढब्बूजी, आपने 'बंद गली का आखिरी मकान' पुस्तक पढ़ी?'

'नहीं तो!'

'अजीब आदमी हैं आप! पुस्तक महीनों पहले छप चुकी है और आपने अब तक नहीं पढ़ी।'

'आपने सामवेद पढ़ा है?'

'नहीं तो!'

'अजीब आदमी हैं आप! यह पुस्तक हजारों साल से मार्केट में है और आपने अब तक नहीं पढ़ी!'

33 हँसते आँसू

चंदूलालजी चुप बैठे-बैठे परेशान हो गए थे। ढब्बूजी को सामने देखकर उन्हींसे पूछने लगे, 'ढब्बूजी, आप कभी इतना हँसे हैं कि हँसते-हँसते आपकी आँखों में आँसू आ गए हों?'

'क्यों नहीं!' ढब्बूजी ने कहा, 'आज सवेरे-सवेरे केले के छिलके पर पाँव आ जाने से मेरी पत्नी धड़ाम से गिर पड़ी। मैं खूब हँसा।'

'फिर?'

'फिर क्या! फिर उसने मुझे हँसते हुए देख लिया। मैं इतना हँस रहा था कि मेरी आँखों से भल-भल आँसू गिर पड़े!'

34 याद रहे...

ढब्बूजी डॉक्टर को फोन कर रहे थे—'डॉक्टर साहब! मेरी पत्नी को साँस लेने में बहुत तकलीफ़ हो रही है। बुखार तो इतना है कि आप बदन को छू नहीं सकते। पिछले दस घंटे से वह बेहोश है। अगर एकाध महीने में इस ओर आपका चक्कर लगे तो यहाँ आना भूलिएगा नहीं!'

35 दुनिया गोल है

चंदूलाल को स्टेशन जाना था। वह रास्ता ढूँढ़ रहा था कि अचानक उसे ढब्बूजी मिल गए। उसने इन्हींसे पूछा, ढब्बूजी ने रास्ता बता दिया।

दो-तीन घंटों के बाद चंदूलाल फिर वहीं लौट आया। थकान से वह बेहाल हो रहा था।

ढब्बूजी पर बरस पड़ा, 'यह क्या मजाक है! मैंने आपसे पूछा था कि रेलवे स्टेशन कहाँ है और आपने मुझे कई मोड़ों, सड़कों, चौराहों और गलियों का रास्ता बताया! सारे शहर की धूल छानकर मैं फिर यहीं आ गया हूँ!'

'फिक्र मत कीजिए, अब आप सही जगह आ गए हैं। रेलवे स्टेशन वो सामने है।' अँगुली से इशारा करते हुए ढब्बूजी ने बता दिया।

36 वक्त-वक्त की बात

'पिताजी! हमारी घड़ी का घंटा यदि तेरह बार बजे तो वह क्या वक्त होगा?'

'बेवकूफ मुन्ने! ऐसा कोई वक्त नहीं होता!'

'गलत! वह घड़ी ठीक करवाने का वक्त होता है।'

37 अपने-पराए लोग

ढब्बूजी : (एक मित्र से) सुनो यार, मेरी जेब बिलकुल खाली है।

मित्र : तो?

ढब्बूजी : तुम्हें यह कहावत तो मालूम ही होगी—दोस्त वही, जो वक्त पर काम आए।

मित्र : हाँ, अजनबी।

38 डॉक्टर का आदेश

ढब्बूजी एक शाम होटल से डिनर लेकर घर आए। श्रीमतीजी बेलीं, 'फिर तुमने दो चम्मच चुरा लिये! आखिर ऐसा क्यों?'

ढब्बूजी बोले, 'इसमें मेरा कोई दोष नहीं। डॉक्टर ने मुझसे कहा है कि खाने के बाद दो चम्मच लिया करो।'

39 असामान्य ज्ञान

मुन्ना तकिए की टेक लगाए अधलेटा होकर किताब पढ़ रहा था। एकाएक ढब्बूजी के जी में आया, मुन्ने के सामान्य ज्ञान की परीक्षा लूँ। पूछ बैठे, 'मुन्ने, क्या बताओगे कि आदमखोर किसे कहते हैं?'

'पता नहीं, पिताजी!' मुन्ने ने कहा।

'अगर तुम मुझे खा जाओ तो क्या कहलाओगे?' ढब्बूजी ने सवाल को दूसरे ढंग से पूछा।

'अनाथ!' मुन्ने ने जवाब दिया।

40 पहचान

एक दिन चंदूलाल ने ढब्बूजी को दावत पर बुलाया। ढब्बूजी समय पर पहुँचे। खाना परोसा गया। ढब्बूजी खाने पर बैठे तो चंदूलाल का कुत्ता भी पास आकर बैठ गया और बार-बार दुम हिलाने लगा।

ढब्बूजी ने कुत्ते की तारीफ करते हुए कहा, 'चंदूलालजी, कुत्ता अच्छी नस्ल का मालूम पड़ता है। बार-बार मेरी

ओर देखकर दुम हिला रहा है।'

'वह तो इसलिए कि आप इसकी प्लेट में खाना खा रहे हैं!' चंदूलाल ने कहा।

41 असली-नकली

सेठजी : अगर तुम यह बता दो कि मेरी कौन सी आँख नकली है तो मैं तुम्हें दस रुपए इनाम दूँगा।

ढब्बूजी : यह तो बिलकुल आसान है। आपकी बाईं आँख असली है।

सेठजी : हैं! यह तुम्हें कैसे पता चला?

ढब्बूजी : उसीमें तो थोड़ी दया-ममता नजर आती है!

42 चंदूलाल को फँसने दो

ढब्बूजी से उनकी श्रीमतीजी बोलीं, 'सुनो! तुम्हारा जिगरी दोस्त चंदूलाल शादी करने जा रहा है और जिस लड़की से उसकी शादी होने वाली है, वह बिलकुल घटिया है। तुम्हारे चंदूलाल का जीवन बरबाद हो जाएगा।

चलो, चलकर उसे समझाएँ।'

'मैं नहीं जाऊँगा। मुझे कौन समझाने आया था?' ढब्बूजी ने गुस्से से कहा और मुँह मोड़ लिया।

43 पते की बात

ढब्बूजी मुन्ने के कुत्ते से बहुत परेशान थे। एक दिन गुस्से में भरकर बोले, 'किसी दिन मैं तुम्हारे कुत्ते की जान ले लूँगा।'

मुन्ना गुर्राकर बोला, 'क्यों? क्यों? ऐसा क्या किया इसने?'

'जब भी मैं गाने लगता हूँ, यह भौंकना शुरू कर देता है!' ढब्बूजी ने कहा।

'इसमें इसका क्या कसूर! शुरुआत तो आप ही करते हैं!' कुत्ते को अपनी गोद में बिठाते हुए मुन्ने ने कहा।

44 मरा हाथी सवा लाख का

एक दिन एक सज्जन टहलने निकले। रास्ते में ढब्बूजी मिल गए तो वे चौंककर बोले, 'ढब्बूजी, आप!'

'हाँ! क्या हुआ?' ढब्बूजी ने पूछा।

'मैंने तो सोचा था, आप स्वर्गवासी हो गए!'

'क्यों? क्यों?' अब चौंकने की बारी ढब्बूजी की थी।

'कल चंदूलाल आपकी तारीफों के पुल बाँध रहा था।'

45 ढब्बूजी की हजामत

ढब्बूजी हज्जाम के पास बाल कटवाने पहुँचे। पैसे पूछे तो हज्जाम ने बताया, 'डेढ़ रुपया लगेगा।'

'क्या कहा! बाल काटने का डेढ़ रुपया!' ढब्बूजी बिगड़ गए, 'मैंने दिल्ली जैसे शहंशाहों के शहर में बाल कटवाए और वो भी सिर्फ पचहत्तर पैसे में!'

'हाँ, पर यह भी तो सोचो,' हज्जाम ने ढब्बूजी को समझाते हुए कहा, 'कि मुंबई से दिल्ली जाने में कितना खर्चा होता है!'

46 बीवी या बला

जज : ढब्बूजी, आप पर अपनी पत्नी को कुरसी से मारने का आरोप है। क्या आप अपने बचाव में कुछ कहना चाहते हैं?

ढब्बूजी : क्या आप मेरी पत्नी को जानते हैं?

जज : भला मुझे उनको जानने की क्या जरूरत है?

ढब्बूजी : इसी कारण तो आपने ऐसा प्रश्न पूछा। यदि आप मेरी पत्नी को जानते होते तो यह प्रश्न पूछते कि—ढब्बूजी, आपने अपनी पत्नी को कुरसी के बजाय टेबल से क्यों नहीं मारा!

47 सीधी अँगुली से घी नहीं निकलता

एक दिन मुन्ना बड़े लाड़ भरे स्वर में ढब्बूजी से बोला, 'पिताजी, आज मैं सिनेमा देखने जाना चाहता हूँ।'

ढब्बूजी पसीज गए। बोले, 'मैं तो तुम्हें इजाजत दे दूँगा। पर तुम्हारी मम्मी शायद राजी न हो।' फिर कुछ सोचकर बोले, 'अच्छा जाओ! अपनी मम्मी से कहो कि पापा तुम्हें रोक रहे हैं!'

48 सत्यानास

एक दिन चंदूलाल ढब्बूजी के घर आया और कहने लगा, 'ढब्बूजी, जरा कैंची देना।'

ढब्बूजी ने कैंची लाकर दे दी। लेकिन यह पूछे बिना उनका मन न माना कि 'तुम्हारी कैंची खो गई क्या?'

'नहीं तो! पर उससे लोहे के पतरे नहीं कटते।' चंदूलाल ने कहा।

49 भगवान् के नाम पर…

एक आदमी ढब्बूजी के पीछे ही पड़ गया।

'इस गरीब, लाचार, यतीम की मदद कीजिए, श्रीमानजी।' वह बोला, 'न मेरे पास रहने को घर है, न खाने को दाना। सच मानो, मेरे पास इस संसार में कुछ भी नहीं है—सिवाय इस बंदूक के।'

और बंदूक की नली उसने ढब्बूजी की पीठ से लगा दी।

50 बालों में बगीचा

एक दिन ढब्बूजी ने देखा कि श्रीमतीजी ने अपने बालों में बहुत से फूल लगा रखे हैं। बोले, 'यह क्या तमाशा है! बालों में सात-सात फूल!'

श्रीमतीजी बोलीं, 'क्यों? आपने नहीं कहा था! मैं बालों में एक फूल लगाती हूँ तो मेरी उम्र पाँच साल कम लगती है!'

51 हो गई छुट्टी

मुन्ने के छोटे से दोस्त की खोपड़ी से खून बह रहा था और वह रो रहा था।

ढब्बूजी ने मुन्ने से पूछा, 'तुमने इसकी खोपड़ी क्यों फोड़ दी?'

मुन्ने ने जवाब दिया, 'पिताजी, इसीने मुझसे कहा था कि दस दिन की छुट्टी पाने का उपाय बतला।'

52 गोली चलनी चाहिए

ढब्बूजी : (सेना के अफसर से) आपसे यह किसने कहा कि मैं फौज में भरती होना चाहता हूँ? मुझे तो यह भी पता नहीं कि बंदूक कैसे पकड़ी जाती है और किस ओर रखकर चलानी चाहिए!

सेना का अफसर : चिंता की कोई बात नहीं। आप

किसी भी ओर बंदूक रखकर चलाएँगे तो देश की सेवा ही होगी!

53 कहानी किस्मत की

ढब्बूजी : यह समझ में नहीं आता कि उस सुंदरलाल की हालत बुरी क्यों है? कल उसकी जेब में कौड़ी तक नहीं थी। आज भी बेचारा कड़का है।

पड़ोसी : क्या वह तुमसे पैसे उधार माँगने आया था?

ढब्बूजी : नहीं तो! माँगने तो मैं गया था।

54 इंतजार और अभी...

ट्रेन निकल गई। ढब्बूजी और उनकी श्रीमतीजी स्टेशन पर ही अटक गए। दुःखी होकर ढब्बूजी ने कहा, 'अगर तुम रास्ते में इतनी देर न करतीं तो हमें ट्रेन जरूर मिल जाती।'

'और अगर तुम मुझे जल्दी चलने के लिए तंग न करते तो हमें दूसरी ट्रेन के लिए दो घंटे इंतजार न करना पड़ता!' श्रीमती ढब्बूजी ने भी अपने तेवर दिखा दिए।

55 सुई की मुसीबत

मुन्ना ढब्बूजी के साथ जा रहा था। रास्ते में उसका एक दोस्त मिल गया। वह दोस्त से बोला, 'एक सुई पोलियो के लिए, दूसरी सुई हैजा के लिए, तीसरी चेचक के लिए, आज चौथी सुई लगेगी टाइफायड के लिए। यदि उसके बाद भी जिंदा रहा तो कभी बीमार नहीं पड़ूँगा।'

56 कहानी या आमलेट

ढब्बूजी : संपादकजी, आप धोखेबाज हैं! आपने मेरी कहानी बिना पढ़े ही लौटा दी!

संपादक : आपको कैसे पता चला?

ढब्बूजी : मैंने कहानी के बीच में कुछ पन्ने चिपका दिए थे और वे वैसे ही लौट आए।

संपादक : सच है; पर यह जानने के लिए कि अंडा खराब है, उसे पूरा नहीं खाना पड़ता।

57 कल क्या होगा, किसने जाना

चंदूलाल ढब्बूजी के घर के सामने से गुजर रहा था कि एक अद्भुत दृश्य देखकर वह

ठिठक गया। उसने देखा कि श्रीमती ढब्बूजी और मुन्ना ढब्बूजी से लिपटकर रो रहे थे।

'अरे, ये लोग रो क्यों रहे हैं?' चंदूलाल ने पूछा, 'क्या आप लंबे सफर पर जा रहे हैं?'

'जी नहीं, मैं तो राशन लेने जा रहा हूँ। पर पता नहीं, कब तक लौटूँगा!' ढब्बूजी ने जवाब दिया।

58 अब?

डॉक्टर : श्रीमती ढब्बूजी! ऑपरेशन कामयाब रहा; अब आपके पति की जान को कोई खतरा नहीं है।

श्रीमतीजी : सत्यानास!

डॉक्टर : अरे! आपको तो खुश होना चाहिए।

श्रीमतीजी : सच है…पर मैंने तो उनकी अंतिम क्रिया के पैसों का इंतजाम करने के लिए उनके सारे कपड़े, जूते, किताबें, सबकुछ आज सवेरे ही बेच डाला!

59 सुनो और फँसो

एक दिन पोपटलाल ढब्बूजी के पास आया और बोला, 'ढब्बूजी! एक हजार रुपए उधार चाहिए।'

'क्या?' ढब्बूजी बोले।

'सिर्फ हजार रुपए उधार चाहिए' पोपटलाल ने फिर कहा।

'ऐं! क्या! मुझे तो कुछ भी सुनाई नहीं देता!' ढब्बूजी ऐसे बोले जैसे ऊँचा सुनने लगे हों।

'लेकिन मुझे तो साफ सुनाई देता है!' पास बैठे व्यक्ति ने कहा।

ढब्बूजी एकदम उस व्यक्ति की ओर मुड़कर बोले, 'तो आप ही दे दीजिए न!'

60 अक्ल बड़ी या...

ढब्बूजी ने देखा, मुन्ना मछलियों का जार सिर पर उठाए घर से चलने की तैयारी कर रहा है।

'अरे मुन्ने, ये मछलियों का जार कहाँ लिये जा रहे हो?' उन्होंने पूछा।

'हम लोग तालाब में तैरने जा रहे हैं। मैंने सोचा, इनको भी थोड़ा तैरा लाएँ।' मुन्ने ने बताया।

61 जादुई रस्सी

मित्र मंडली के बीच बैठे ढब्बूजी एक रस्सी का टुकड़ा हाथ में लिये डींग हाँक रहे थे कि वे उसकी मदद से मौसम का हाल जान लेते हैं।

'...लेकिन रस्सी के इस टुकड़े से आप मौसम का पता कैसे लगा सकते हैं?' एक ने पूछा।

'बड़ी सरल बात है।' ढब्बूजी ने समझाने के स्वर में कहा, 'जब यह टुकड़ा इधर-उधर नाचने लगता है तो मैं समझ जाता हूँ कि हवा तेज चल रही है, और जब यह टुकड़ा गीला हो जाता है तो मैं कह सकता हूँ कि मौसम बरसात का है!'

62 गोरिल्ले की सूरत, सास की मूरत

ढब्बूजी और श्रीमती ढब्बूजी चिड़ियाघर में घूम रहे थे कि एकाएक गोरिल्लेवाले जँगले के पास ढब्बूजी रुक गए और कहने लगे, 'अगर हम चिड़ियाघर नहीं आते तो मुझे याद भी नहीं आता...'

'क्या?' श्रीमतीजी ने पूछा।

'तुमने अपनी माँ के खत का जवाब लिखा?'

63 बेचारा चंदूलाल

मुन्ना और उसके साथी ढोल-बाजा बजाते हुए घर आए। मुन्ना बोला, 'पिताजी, चंदूलालजी के आँगन में हम लोग तीन घंटे तक खेलते रहे। फिर हम लोगों ने कुल्फी खाई—और चंदूलालजी ने सिर दर्द की गोली…'

64 खुश होनेवाली बात

श्रीमती ढब्बूजी : डॉक्टर साहब, मेरे पति को न जाने क्या रोग लग गया है! मैं घंटों बोलती रहती हूँ, फिर भी वे खामोश बैठे रहते हैं।

डॉक्टर : बहनजी, इसे रोग नहीं कहते, भगवान् की मेहरबानी कहते हैं।

65 नंगे की समस्या

ढब्बूजी नहाने के इरादे से 'जुहू बीच' गए। वहाँ उन्होंने देखा कि चंदूलाल इधर-उधर घूम रहा है।

'अरे चंदूलाल! आधे घंटे से हाथ में धोती-कुरता लिये इधर-उधर घूम रहे हो! पागल तो नहीं हो गए!'

'नहीं तो! पर क्या करूँ? कपड़े पहनने के लिए मैं कब से किसी पेड़ की आड़ ढूँढ़ रहा हूँ, पर मिलती ही नहीं। अब आप ही बताइए, इतने लोगों के बीच क्या मैं कपड़े पहन

सकता हूँ?' चंदूलाल ने कहा।

66 पुलाव का मजा

ढब्बूजी ने होटल में पहुँचकर पुलाव का ऑर्डर दिया। बैरा पुलाव लाया। चखने पर अजीब सा लगा तो ढब्बूजी बैरा से बोले, 'यह काहे का पुलाव है जी?'

बैरा बोला, 'चखने पर भी आपको पता नहीं चला?'

'नहीं तो।'

'तब पूछना ही क्या! किसीका भी हो!' बैरे ने कहा।

67 ढब्बूजी की फोटी कॉपी

मुन्ना अपने दोस्त से कह रहा था, 'मैं तो बड़ा होकर डॉक्टर बनूँगा···या वकील···या इंजीनियर···या मैं विशेषज्ञ न बनकर पिताजी जैसा भी बन सकता हूँ!'

68 सबक पहला

मुन्ना चंदूलाल के पास बैठा था। चंदूलाल के हाथ में एक तख्ती थी। ढब्बूजी के पहुँचते ही मुन्ना बोला, 'नमस्कार पिताजी, हमारे चंदूलाल बहुत भले आदमी हैं। मुझे पढ़ना सिखा रहे हैं।'

'क्या पढ़ा रहे हैं?' ढब्बूजी ने कहा।

चंदूलाल ने तख्ती को ढब्बूजी की

ओर घुमा दिया। लिखा था—'मेरे बगीचे में पैर रखा तो टाँग तोड़ दूँगा।'

69 कुत्ते को समझाओ

एक दिन ढब्बूजी अपने एक मित्र के घर गए, लेकिन दरवाजे पर खड़े कुत्ते को देखकर डरने लगे।

'कुत्ते से डरने की कोई जरूरत नहीं।' मित्र की पत्नी ने कहा, 'आप तो वह कहावत जानते ही होंगे कि भौंकनेवाले कुत्ते काटा नहीं करते!'

'जी हाँ, मैं जानता हूँ। आप भी जानती हैं। सारी दुनिया जानती है; पर क्या यह कुत्ता भी वह कहावत जानता है?' ढब्बूजी ने कहा।

70 अंधे की पहचान

ढब्बूजी की श्रीमतीजी बाजार से लौटीं, और आते ही कहने लगीं, 'आजकल के भिखमंगे बड़े धोखेबाज़ होते हैं!'

'क्या हुआ?' ढब्बूजी ने पूछा।

'होता क्या! एक अंधे को मैंने दस पैसे दिए तो उसने कहा—'हे सुंदरी, भगवान् तुम्हें खुश रखे!' अब तुम्हीं कहो, उसे कैसे पता चला कि मैं सुंदर हूँ?'

'तब तो वह सचमुच ही अंधा होगा।' ढब्बूजी ने कहा।

71 राज की बात

घर में मेहमान आया हुआ था और मुन्ना पास ही बैठा अपने पिता को घूर-घूरकर देखे जा रहा था। ढब्बूजी ने पूछा, 'अरे मुन्ने, क्या देख रहे हो?'

'आपके कान, पिताजी!' मुन्ने ने कहा।

'क्यों?'

'आपने ही तो कहा था कि मेहमान के आने के बाद आपके कान पककर गिर जाएँगे।'

72 विचार की कीमत

ढब्बूजी : चंदूलालजी, एक बार विश्व भ्रमण करने का विचार है। लगभग कितना खर्च होगा?

चंदूलाल : कुछ भी नहीं।

ढब्बूजी : कैसे?

चंदूलाल : सोच-विचार करने में भला क्या खर्च!

73 आखिरी बूँदें

ढब्बूजी : वाह! कमाल! इस नींबू को मशीन में डालकर मैं पहले ही पूरी तरह निचोड़ चुका था, फिर भी आपने इसमें से रस की दो-चार बूँदें निकाल दिखाईं! आप कहाँ काम करते हैं?

आगंतुक : आयकर विभाग में।

74 दो पैरोंवाला गधा

ढब्बूजी घर आए तो उनका चेहरा रुआँसा हो रहा था।

श्रीमतीजी ने पूछा, 'क्या हुआ?'

'क्या बताऊँ! आधे घंटे से चंदूलाल मुझसे गप लगा रहा था, और अचानक ही वह मुझे गधा कह बैठा।' ढब्बूजी बोले।

'पर आप दुःखी क्यों हैं? उसने आपको गधा कहा, इसलिए? या उसने गधा कहने में आधा घंटा लगा दिया था!'

75 ठंडा सूरज

मुन्ना रॉकेट पर सवार था, कहने लगा, 'पिताजी! आज हमारा रॉकेट सूर्य की तरफ चल पड़ेगा।'

ढब्बूजी ने समझाया, 'पगले! सूर्य इतना गरम है कि उसके करीब पहुँचने से पहले ही तुम्हारा रॉकेट जलकर राख हो जाएगा।'

'तब हम रॉकेट रात में छोड़ेंगे।' मुन्ने ने कह दिया।

76 तैरने का गम

चंपक भाई : क्यों ढब्बूजी, हमारा यह नया स्विमिंग पूल पसंद आया?

ढब्बूजी : बहुत। कल तो मैं पूरा दिन इसमें कूदता रहा, पर आज जरा मुश्किल होगा।

चंपक भाई : क्यों?

ढब्बूजी : आज आप लोग इसमें पानी भरने वाले हैं न!

77 अय्यो यो!

चंदूलाल : मेरे खयाल में पहली बार हम लोग मद्रास में मिले थे।

ढब्बूजी : जी नहीं, मैं कभी मद्रास नहीं गया।

चंदूलाल : मैंने भी मद्रास नहीं देखा।

ढब्बूजी : तब वहाँ कोई और भी दो लोग मिले होंगे, या फिर हम ही स्वप्न में मिल गए होंगे।

78 गधे का अंतिम संस्कार

पंडितजी : ढब्बूजी, आपके घर के सामने एक गधा मर गया है।

ढब्बूजी : पंडितजी, मृत्यु के बाद के सारे संस्कार तो आप ही के जिम्मे होते हैं!

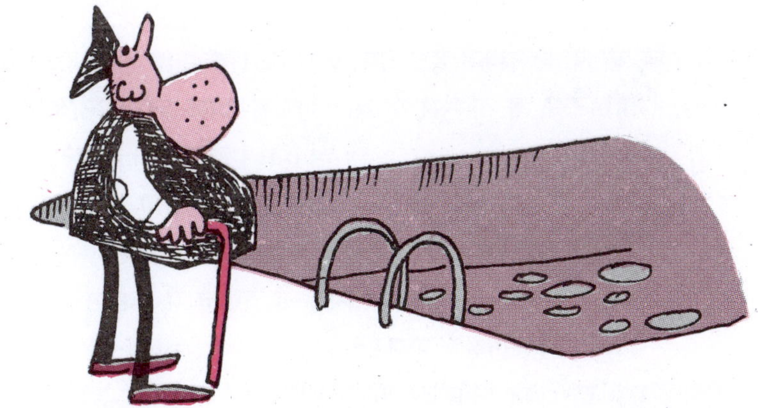

पंडितजी : सच है, पर मरनेवाले के संबंधियों को सूचना देना भी तो हमारा फर्ज है!

79 मुँहतोड़ जवाब

एक दिन ढब्बूजी व श्रीमती ढब्बूजी सैर करने निकले।

कुछ गधों को देखकर ढब्बूजी कह उठे, 'मुन्ने की माँ! वह देखो! वे कहीं तुम्हारे रिश्तेदार तो नहीं!'

'हैं तो! पर शादी के बाद के।' मुन्ने की माँ बोली।

80 दलदल में जूता

बारिश का मौसम था। जगह-जगह कीचड़ भरा पड़ा था और मुन्ना चिल्ला रहा था, अरे बचाओ! कोई आओ! मेरे पिताजी जूतों के फीतों तक दलदल में धँस गए हैं!'

'अगर दलदल जूतों के फीतों तक ही है, तब तो वे आसानी से चलकर बाहर आ सकते हैं!' एक आदमी ने कहा।

'नहीं-नहीं, वे तो सिर के बल गिरे हैं!' मुन्ने ने स्पष्टीकरण दिया।

81 जूतेवाली बात

चंदूलाल और ढब्बूजी एक शाम बगीचे में टहल रहे थे।

ढब्बूजी बताने लगे, 'कल शाम इसी बगीचे में एक गुंडे से मेरी तू-तू, मैं-मैं हो गई।'

'फिर?' चंदूलाल ने पूछा।

'मुझे जूतों का इस्तेमाल करना पड़ा!'

'सच!'

'हाँ, मैं फौरन जूते पहनकर भाग लिया।'

82 चोर पकड़ने की कला

'ढब्बूजी! मालूम होता है, मेरा गीत-संग्रह आपको बहुत पसंद आया, वरना आप उसे तिजोरी में क्यों रखते!'

'दरअसल बात यह नहीं है, कविराज।'

'फिर?'

'बात यह है कि अगर कोई चोर हमारे घर में घुस आया तो वह पहला हमला तिजोरी पर करेगा। जैसे ही वह तिजोरी खोलेगा, उसके सामने आपका गीत-संग्रह आ जाएगा।'

'तब! तब क्या होगा?'

'तब वह आपके प्रिय गीतों का सुंदर संग्रह खोलकर देखेगा। पढ़ने की उसकी इच्छा होगी ही। जैसे ही वह आपके गीत पढ़ना शुरू करेगा, उसे नींद आ जाएगी और सवेरे हम उसे आसानी से गिरफ्तार कर लेंगे!'

83 चंद मिनटों का सवाल

ढब्बूजी को एक दावत में जाने की जल्दी थी। श्रीमतीजी तैयारी में लगी हुई थीं।

ढब्बूजी : अरे, अभी तक तैयार नहीं हुईं? तुमने तो चंद मिनटों की बात कही थी।

श्रीमतीजी : हाँ-हाँ। बार-बार क्यों चिल्लाते हो? घंटे भर पहले ही तो कहा था कि चंद मिनट लूँगी।

84 किस्सा 1001 कान का

चंदूलाल कह रहा था, 'देखो, ढब्बूजी! मैं तो सच-सच बताऊँगा। तुम एक कान से मेरी बात सुनते हो और दूसरे कान से निकाल देते हो। लेकिन जब तुम्हारी श्रीमतीजी एक कान से सुनती हैं तो बात दूसरे कान से तीसरे कान से चौथे कान से…'

85 डॉक्टर का दिल

ढब्बूजी दाँतों के डॉक्टर के पास दाँत निकलवाने गए। डॉक्टर आँखों पर पट्टी बाँधकर आ गया।

ढब्बूजी बोले, 'अरे डॉक्टर साहब! यह क्या? आपने अपनी आँखों पर पट्टी क्यों बाँध ली?'

'इसलिए कि दाँत खींचते वक्त मैं तुम्हारा दर्द नहीं देख सकूँगा!' डॉक्टर ने कहा।

86 यह भी कोई गोली हुई

ढब्बूजी : डॉक्टर साहब, आपने नींद की जो गोलियाँ पत्नी के लिए दी थीं, वे थोड़ी और चाहिए।

डॉक़्टर : क्यों?

ढब्बूजी : वह जाग उठी है।

87 ढब्बूजी का हिसाब

पोपटलाल कहीं जा रहा था। रास्ते में उसने देखा कि ढब्बूजी अँगुलियों पर कोई हिसाब करते आ रहे हैं।

'ढब्बूजी, क्या हिसाब जोड़ रहे हैं?' पोपटलाल ने पूछा।

ढब्बूजी बोले, 'हिसाब बड़ा दिलचस्प है। मेरी पत्नी वजन घटाने की गोलियाँ खा रही है। हफ्ते में ठीक चार किलो वजन घटा रही है। अगर मेरा हिसाब सही है तो करीब सात महीनों में उसका नामोनिशान नहीं रहेगा।'

88 दो पैरोंवाला गधा

ढब्बूजी : चंदूलालजी, मैंने सौ रुपए के लॉटरी टिकट खरीदे थे। अगर इनाम मिल जाता तो मैं रातोरात लखपति बन जाता। मगर बना क्या ?—गधा! लोग क्या सोचेंगे मेरे बारे में ?—गधा!

चंदूलाल : अपने आपको गधा मत सोचिए, ढब्बूजी, अगर आप यह सोचना छोड़ दें तो लोग भी कहना छोड़ देंगे।

ढब्बूजी : सच ?

चंदूलाल : बिलकुल सच। जय रामजी की···गधे!

89 सबकी आँखों का तारा

ढब्बूजी : उस घड़ी के सिवा इस ऑफिस की सारी चीजों का बीमा करवाना है।

एजेंट : घड़ी का क्यों नहीं ?

ढब्बूजी : काम के समय यहाँ के सारे कर्मचारियों की नजर घड़ी पर रहती है।

एजेंट : लेकिन लंच आवर में ?

ढब्बूजी : सेठजी की नजर घड़ी पर रहती है।

90 दमड़ी का शोर

ढब्बूजी : पैसा! पैसा! पैसा! मेरी बीवी को तो दिन-रात पैसों की ही भूख लगी रहती है।

एक मित्र : लेकिन इतने सारे पैसों का वह करती क्या है ?

ढब्बूजी : यह मैं क्या जानूँ? अब तक मैंने उसे एक दमड़ी भी नहीं दी।

91 शर्त

मुन्ना : पिताजी, अगर मैं आपको दस रुपए के घाटे से बचा लूँ तो आप मुझे पाँच रुपए देंगे?

ढब्बूजी : जरूर!

मुन्ना : तब निकालिए पाँच का नोट! आपने वचन दिया था कि अगर मैं इम्तिहान में पास हो गया तो आप मुझे दस रुपए देंगे। मैं फेल हो गया हूँ।

92 ऐसे मौके बार-बार नहीं आते

पोपटलाल मेले में घूम रहा था। सामने से ढब्बूजी भी आते नजर आ गए। पोपटलाल उछल पड़े और कहने लगे, 'ढब्बूजी! आपके लिए एक हजार एक रुपए जीतने का बेहतरीन मौका आया है।'

'सच? कहाँ? किधर?'

पोपटलाल ने महामूर्ख स्पर्धा का बोर्ड दिखा दिया।

93 काल करै सो आज कर

'ढब्बूजी, हमारे संपादकजी की मृत्यु हो गई है। उनके अंतिम संस्कार के लिए हम चंदा एकत्र कर रहे हैं। क्या आप दस रुपए देंगे?'

'बड़ी अच्छी बात है। यह लीजिए तीस रुपए।'

'तीस क्यों?'

'अन्य दो संपादकों के लिए भी एडवांस दे रहा हूँ।'

94 संदेश

श्रीमती ढब्बूजी ने अपना वजन किया। टिकट देखकर बोलीं, 'इसमें तो कुछ लिखा हुआ है।'

'क्या?' ढब्बूजी ने पूछा।

'अन्न कम खाइए। इसमें आपकी और देश की भी भलाई है!'

95 पसीना छूट गया

चंपक भाई : ढब्बूजी, धन और मेहनत का संबंध एक-दूसरे से कैसे हो सकता है?

ढब्बूजी : अगर आपके पास सौ रुपए हैं, और सौ रुपए आप मुझे कर्ज देते हैं तो मैं उसे धन कहूँगा। फिर उन सौ रुपयों को वसूल करने में आपका बार-बार जो पसीना छूटेगा, उसे आप मेहनत कहेंगे।

96 शादी और शाम

ढब्बूजी : चंदूलाल! अगर तुम शादी ही करना चाहते हो तो उस लड़की से क्यों नहीं कर लेते, जिसके साथ तुम रोजाना शाम को समंदर की सैर करने जाते हो।

चंदूलाल : अगर मैं उसीसे शादी कर लूँगा तो मेरी शामें कैसे कटेंगी?

97 तीसरा नोटिस

ढब्बूजी : (आयकर विभाग के कर्मचारी से) जी...मैं तो पहले ही इन्कम टैक्स भर देता; पर मुझे आपके पहलेवाले दो नोटिस मिले ही नहीं।

कर्मचारी : हमने जब भेजे ही नहीं थे तो आपको मिलते कैसे? हमारा अनुभव है कि लोगबाग तीसरा नोटिस मिलने पर ही इन्कम टैक्स भरने आते हैं।

98 जीने का तरीका

ढब्बूजी बहुत कोशिश करते कि मासिक बजट में किसी तरह की गड़बड़ न हो, पर हर बार बजट गड़बड़ा जाता है। श्रीमतीजी कुछ ठीक होने ही नहीं देती थीं। एक दिन गुस्से में आकर ढब्बूजी ने कह दिया, 'इस बार बजट में तुमने फिर घोटाला कर दिया!'

'मेरी मानो तो बजट को भूल जाओ और सरकार की तरह घाटे में ही आनंद से जियो!' श्रीमतीजी ने अपनी नई साड़ी का पल्लू सँभालते हुए कहा।

99 दरवाजा कहाँ है

एक दिन ढब्बूजी चंदूलाल के घर पहुँचे। चंदूलालजी कहने लगे, 'ढब्बूजी, आपको चश्मे की जरूरत है।'

‘हैं! आपको कैसे पता चला?’ ढब्बूजी ने पूछा।

‘आप खिड़की से अंदर आए हैं!’

100 परिचय

एक दिन की बात है, ढब्बूजी गटर का ढक्कन सिर पर उठाए कहीं जा रहे थे और कुछ बड़बड़ा भी रहे थे। चंदूलाल ने देखा और कुछ इधर-उधर खड़े लोगों ने भी देखा। एक सज्जन कहने लगे, ‘चंदूलालजी, लगता है, वे सज्जन पागल हैं! सिर पर गटर का ढक्कन रखकर कह रहे हैं कि वह तो हिट फिल्म का रिकॉर्ड है!’

‘नहीं, भाई, वह पागल नहीं हैं। वह तो ढब्बूजी हैं!’ चंदूलाल ने कहा।

101 हाय रे किस्मत

ढब्बूजी : श्रीमानजी, आपने तो कहा था कि इस गाय में कोई कमी नहीं है।

पशु विक्रेता : अब भी कहता हूँ।

ढब्बूजी : पर यह तो अंधी है।

पशु विक्रेता : तो इसे इसकी कमी नहीं, बदकिस्मती कहिए।

102 जान का दान

श्रीमतीजी : अरे, मुँह लटकाए क्यों बैठे हैं?

ढब्बूजी : मैंने आयुर्विज्ञान महाविद्यालय के प्राचार्य को लिखा था कि शोधकार्य के लिए मरने के बाद मैं अपना शरीर उन्हें देना चाहता हूँ।

श्रीमतीजी : तो उन्होंने क्या जवाब दिया?

ढब्बूजी : यही कि तुच्छ-से-तुच्छ वस्तु का दान भी प्रशंसनीय है।

103 अँगूठी का रास्ता

ढब्बूजी गधे पर सवार थे। रास्ते में पोपटलाल मिल गया तो क़हने लगे, 'अरे ढब्बूजी, गधे पर उलटे क्यों बैठे हो?'

'गधा सोने की अँगूठी जो निगल गया है!' ढब्बूजी ने जवाब दिया।

104 मतलब की बात करो

'ढब्बूजी! सुना है, आपका मित्र चंदूलाल एक बहुत बड़ी पार्टी देनेवाला है?'

'इससे मुझे क्या मतलब?'

'पर वह आपको भी दावत देनेवाला है।'

'इससे तुम्हें क्या मतलब?'

105 चूहेदानी

दुकानदार : क्या चाहिए, भाई साहब?

ढब्बूजी : एक चूहेदानी चाहिए। कृपया जल्दी कीजिए। मुझे बस पकड़नी है।

दुकानदार : क्षमा कीजिएगा, इतनी बड़ी चूहेदानी हमारे पास नहीं है।

106 हो गई छुट्टी

एक दिन ढब्बूजी कहने लगे, 'मुन्ने की मम्मी! तुम्हें कभी ऐसा नहीं लगता कि तुम मर्द होतीं तो अच्छा होता?'

'नहीं तो। पर तुम्हें ऐसा जरूर लगता होगा।' श्रीमती ढब्बू ने मुसकराकर कहा।

107 जुकाम कासफर

मुन्ना : पिताजी, अगर जिराफ घंटा भर पानी में खड़ा रहे तो क्या उसे भी जुकाम हो जाएगा?

ढब्बू : जरूर हो जाएगा, लेकिन जुकाम को उसकी नाक तक पहुँचने में हफ्ता भर लग जाए तो बात दूसरी है।

108 नहले पर दहला

ढब्बूजी : चंदूलालजी! जब आप चेयर पर बैठते हैं तो सचमुच ही चेयरमैन लगते हैं।

चंदूलाल : ऐसा ही होता है, आप भी जब कोच पर बैठते हैं तो बिलकुल कोचमैन लगते हैं!

109 बार-बार लगातार

ढब्बूजी : डॉक्टर साहब, आजकल मुझे बात-बात पर गुस्सा आता है।

डॉक्टर : क्या कहा?

ढब्बूजी : बहरे! उल्लू! पाजी! गधे! क्या मैं कोई टेप रिकॉर्डर हूँ, जो बार-बार दोहराता फिरूँ?

110 मौका

मजिस्ट्रेट : ढब्बूजी, आपने अपनी बीवी पर हमला क्यों किया?

ढब्बूजी : साहब, हालात बड़े माकूल थे।

मजिस्ट्रेट : क्या मतलब?

ढब्बूजी : मतलब साफ है। उसकी पीठ मेरी तरफ थी। डंडा मेरे करीब था और कमरे का दरवाजा भी खुला हुआ था।

111 बरबादी से पहले

ढब्बूजी : आज का दिन आपके जीवन का सबसे अच्छा दिन है। मेरी शुभकामनाएँ लो।

नौजवान : लेकिन मेरी शादी तो कल होने वाली है!

ढब्बूजी : इसीलिए तो कह रहा हूँ!

112 टूटी टाँग का किस्सा

ढब्बूजी टाँग पर पलस्तर चढ़ाए, रास्ते में बैसाखी के सहारे चल रहे थे। एक परिचित मिल गए।

परिचित : अरे ढब्बूजी, आपकी टाँग कैसे टूट गई?

ढब्बूजी : ज्यादा खाने से।

परिचित : हैं! बात कुछ समझ में नहीं आई!

ढब्बूजी : दरअसल, बटुए में पैसे कम थे और होटल में मैंने ज्यादा खा लिया था।

113 फर्क

एक शाम को ढब्बूजी ने अपने कुछ मित्रों को घर पर भोजन के लिए बुलाया। सभी मित्र समय पर पहुँचे। खाना परोसा गया तो ढब्बूजी कहने लगे, 'हाँ तो, यारो, भोजन शुरू करने से पहले यह बताओ कि आज हम इनसान की तरह खाएँगे या जानवर की तरह?'

'क्यों?' इनसान हैं तो इनसान की तरह ही खाएँगे!' एक ने कहा।

'तब तो बहुत बुरा होगा!' ढब्बूजी ने कहा।

'क्यों?' दूसरे ने पूछा।

'इसलिए कि जब पेट भर जाता है तो जानवर खाना बंद कर देता है...' ढब्बूजी ने उदास

होकर कहा।

114 असली वजह

ढब्बूजी एक आलीशान होटल में अपने एक मित्र के साथ डिनर ले रहे थे। अपने साथी से कहने लगे, 'अगर मेरा डॉक्टर मुझे इस फाइव स्टार होटल में खाना खाते देख ले तो गुस्से से पागल हो जाए!'

'क्या आपको उसने फलों पर जीने को कहा है?' साथी ने पूछा।

'नहीं तो; असल में पिछले तीन साल से मैंने उसका बिल नहीं चुकाया है।'

115 चमत्कार

ढब्बूजी रिपोर्ट लिखवाने थाने पहुँचे। थानेदार बोला, 'कमाल है, ढब्बूजी! आपकी बीवी को लापता हुए चार माह बीत चुके और आप आज रिपोर्ट लिखवाने आए हैं!'

'इंस्पेक्टर साहब, दरअसल आज तक मुझे इस बात पर विश्वास ही नहीं हो रहा था!' ढब्बूजी ने कहा।

116 ढब्बूजी का भाई

ढब्बूजी : कल रात मैंने एक बढ़िया सपना देखा कि एक हवाई जहाज मुझे दार्जिलिंग ले जा रहा था।

मित्र : इससे बढ़िया सपना तो मैंने देखा। मैं समंदर के किनारे बैठा था। मेरा एक हाथ जीनत अमान के कंधे पर था तो दूसरा हेमामालिनी के।

ढब्बूजी : हाय! इतना मधुर सपना और तुमने मुझे खबर तक न दी!

मित्र : वाह! मैंने तो आवाज लगाई थी, पर तुम्हारी पत्नी ने कहा कि तुम दार्जिलिंग गए हो।

117 कॉमेडी की ट्रेजेडी

एक बार ढब्बूजी एक नाटक देखने गए। थियेटर के बाहर ही नाटक के लेखक से मुलाकात हो गई।

ढब्बूजी पूछने लगे, 'लेखक महाशय! आपका यह प्रथम नाटक कॉमेडी है या ट्रेजेडी?'

'अगर आधे से ज्यादा टिकट बिक गए तो समझ लीजिए कि कॉमेडी है...' लेखक महोदय ने कहा, 'वरना जबरदस्त ट्रेजेडी!'

118 छिलके पर विटामिन

ढब्बूजी की तबीयत ठीक नहीं रहती थी। वे डॉक्टर के पास गए। डॉक्टर ने उनकी जाँच की और कहने लगे, 'ढब्बूजी, इस रोग में आपको फल ज्यादा खाने चाहिए और वह भी छिलके के साथ, क्योंकि छिलके में विटामिन होते हैं। अच्छा, अब यह बताइए कि आपका प्रिय फल कौन सा है?'

'नारियल!' ढब्बूजी ने कहा।

119 आसान तरीका

एक बेहद मोटा आदमी फुटबॉल की तरह लुढ़कता बाजार में चला जा रहा था। साँस फूल रही थी। चेहरे से पसीना चू रहा था। रास्ते में ढब्बूजी मिल गए। थोड़ी देर सुस्ता लेने के बहाने ढब्बूजी को रोककर वह बतियाने लगा—

'अब आप ही कोई उपाय सुझाइए, ढब्बूजी! मैं इतना मोटा हो गया हूँ कि जूते का फीता तक अपने हाथों से नहीं बाँध पाता। करूँ तो क्या करूँ?'

'चप्पल पहना करो!' ढब्बूजी ने सलाह दी।

120 अपना हाथ जगन्नाथ

'साहब, आपके यहाँ नौकरी मिलेगी?' एक सज्जन के दफ्तर में पहुँचकर बड़ी उत्सुकता से ढब्बूजी ने पूछा।

सज्जन बोले, 'नहीं। मैं अपने सारे काम अपने ही हाथों से करना पसंद करता हूँ।'

ढब्बूजी ने बड़ी मासूमियत से कहा, 'मुझे मालूम है, इसीलिए तो आपके पास नौकरी के लिए दौड़ा चला आया हूँ!'

121 टू इन वन

स्वामीजी प्रवचन कर रहे थे और ढब्बूजी परेशान हो रहे थे। उनका ध्यान लगातार स्वामीजी की दाढ़ी में उलझता रहा। प्रवचन समाप्त हुआ। भक्तगण अपने घरों को लौट गए। ढब्बूजी बैठे रहे।

ढब्बूजी को बैठे देख स्वामीजी ने पूछा, 'क्या बात है, भक्त? कोई शंका सता रही है?'

'हाँ, स्वामीजी!'

'क्या?'

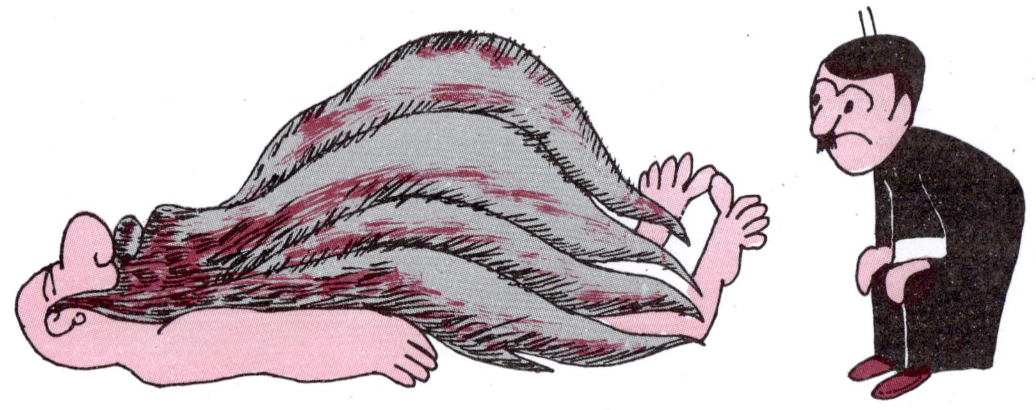

'स्वामीजी···आपकी दाढ़ी इतनी लंबी क्यों है?' ढब्बूजी ने झिझकते हुए पूछा।

'क्योंकि इसके कई लाभ हैं, बच्चा! गरमी के दिनों में यह दाढ़ी मेरा गद्दा बन जाती है और सर्दी के दिनों में कंबल।'

122 गए न गए का हिसाब

पोपटलाल मस्ती के साथ सब्जीवाले से नोक-झोंक कर रहा था। झोला उठाए ढब्बूजी भी उधर निकल आए। पोपटलाल को देखकर हैरानी से बोले, 'अरे! आप तो कश्मीर जानेवाले थे न! गए नहीं?'

‘कश्मीर तो हम पिछले साल जानेवाले थे। इस साल तो हमें नैनीताल जाना था; पर नहीं गए।’ पोपटलाल ने कहा।

123 ऊपरवाला जाने

ढब्बूजी व श्रीमती ढब्बूजी एक डिब्बा उठाए कहीं जा रहे थे। रास्ते में एक हवलदार मिल गया। कड़ककर उसने पूछा, ‘इस डिब्बे में क्या है?’

‘भगवान् का प्रसाद,’ ढब्बूजी ने कहा।

हवलदार ने डिब्बा खोला। फटी आँखों से बोला, ‘हैं! इसमें तो गहने हैं!’

‘वाह! कमाल!’ ढब्बूजी उछल पड़े।

‘आखिरकार भगवान् ने हमें भी चमत्कार दिखा ही दिया!’

124 किस्मत का मारा

ढब्बूजी की नौकरी छूटी तो वे खटमल मारने की दवा बेचने लगे। एक दिन पोपटलाल मिल गया। बोला, ‘इसे कहते हैं, किस्मत का चक्कर!’

‘कैसे?’ ढब्बूजी ने पूछा।

‘देखिए न, ढब्बूजी! किसी जमाने में आप शेर, हाथी और चीते मारा करते थे—और आजकल खटमल मारते हैं!’

125 सब ठीक है

चंदूलाल ने चने बेचना शुरू कर दिया। एक दिन ढब्बूजी उसके पास से गुजरे। बोले, ‘क्यों चंदूलालजी! नया धंधा कैसा चल रहा है?’

‘ठीक ही चल रहा है। आज सारे दिन एक भी पुड़िया नहीं बेची।’

‘तब धंधा ठीक कैसे हो सकता है?’

‘मेरे सामनेवाले ने तो दो दिन से कुछ भी नहीं बेचा!’ चंदूलाल ने जवाब दिया।

126 दूसरा सज्जन

नेताजी का भाषण बड़ा नीरस था। ढब्बूजी किसी तरह सुनते रहे। पर एक आदमी लगातार उनके पीछे लगा रहा। भाषण खत्म होने के बाद वह ढब्बूजी से बोला, ‘ऐसा नीरस भाषण कभी नहीं सुना। वह तो अच्छा हुआ कि आप जैसे सज्जन से मुलाकात हो गई और जी

बहल गया।'

'आप खुशकिस्मत हैं।' ढब्बूजी ने पलक झपकाते हुए आगे कहा, 'मुझे तो ऐसा सज्जन भी नहीं मिला।'

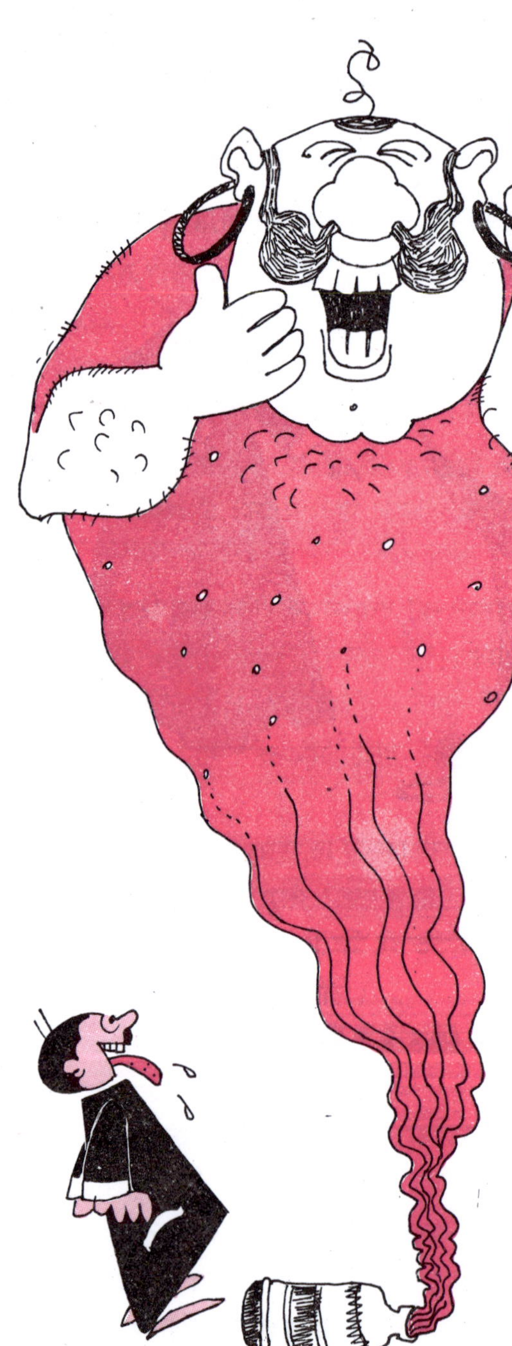

127 3 – 2 = 1

एक दिन ढब्बूजी घर का पुराना सामान निकाल-निकालकर देख रहे थे। उनके हाथ में एक बोतल आ गई। उन्होंने उसे उलट-पलटकर देखा। बोतल खाली थी, लेकिन उसपर ढक्कन लगा हुआ था। ढब्बूजी ने ढक्कन खोला तो एकाएक घड़घड़ाहट हुई, धुआँ उठा और उस धुएँ में से एक जिन्न निकलकर सामने आ खड़ा हुआ।

'ढब्बूजी! आपने मुझे इस बोतल की कैद से आजाद किया है, इसलिए मैं आपके तीन सवालों के जवाब दूँगा।' जिन्न ने कहा।

'मेरे? आप?' ढब्बूजी ने हैरान होते हुए कहा।

'जी हाँ!' जिन्न ने कहा, 'अब कहिए, आपका तीसरा सवाल क्या है?'

128 बकरी की दहाड़

एक दिन एक पहलवान किस्म के आदमी ने ढब्बूजी को जोर का घूँसा जमा दिया। ढब्बूजी बहुत बिगड़कर बोले, 'ऐ! तुमने घूँसा मुझे जानबूझकर मारा था या मजाक में?'

'जानबूझकर!' पहलवान ने कहा।

'तब ठीक है। ऐसा मजाक मुझे भी पसंद नहीं।' ढब्बूजी ने कहा और आगे बढ़ गए।

129 जवाब हाजिर है

एक टी पार्टी चल रही थी। ढब्बूजी भी आमंत्रित थे। पार्टी में औरतों-मर्दों की अहमियत पर बहस छिड़ गई। एक औरत बहुत उत्तेजित होकर बोली, 'अगर भगवान् ने स्त्री का सृजन न किया होता तो आज आप लोगों के पास क्या होता?'

'एक और पसली!' ढब्बूजी ने उछलकर कहा।

130 आधा मुसाफिर

एक दिन ढब्बूजी तैरने के लिए नदी पर गए तो सीधे पानी में कूदे और नदी आधी पार भी कर गए। अब घूमकर वापस किनारे की तरफ लौटने लगे।

कुछ लोग उनके इस तैरने के करतब को देख रहे थे। वे किनारे वापस लौटकर आए तो एक ने हैरानी से पूछा, 'अरे, यह क्या ढब्बूजी! आप तो नदी पार जानेवाले थे, लौट क्यों आए?'

ढब्बूजी ने पानी में से बाहर आते हुए कहा, 'अब क्या बताऊँ! आधी नदी पार करने के बाद दम टूट गया, सो वापस लौट आया।'

131 डॉक्टर का मर्ज

गाँव के बाहर एक्सीडेंट हो गया था। एक आदमी मोटर के नीचे आ गया। गाँववाले चुपचाप खड़े देखते रहे।

ढब्बूजी अपनी साइकिल पर वहाँ से गुजर रहे थे। लोगों को हाथ पर हाथ धरे खड़े देख वे बोले, 'अरे, यहाँ एक्सीडेंट हो गया है और तुम लोग खड़े-खड़े मुँह देख रहे हो! जाओ, जल्दी से किसी डॉक्टर को बुला लाओ!'

'क्षमा कीजिएगा, श्रीमानजी! सारे गाँव में यही तो एक डॉक्टर था!' एक गाँववासी ने कहा।

132 अदल-बदल

एक युवती को देखकर ढब्बूजी हैरान रह गए। कुछ दिन पहले तक तो वह ऐसी नहीं थी।

वे बोल उठे, 'वाह! अँगुली में हीरे की अँगूठी, कान में मोती के फूल, गले में सोने की माला! क्या तुम्हारे पति ने नौकरी बदल ली?'

'जी नहीं! मैंने पति बदल लिया।' युवती ने कहा।

133 शॉक ट्रीटमेंट

एक बार ढब्बूजी एक रेस्तराँ में खाना खाने गए। खाना आया तो उन्होंने थोड़ा सा चखा। उन्हें पसंद नहीं आया। पर वे किसी तरह खा गए। वेटर बिल लेकर आया तो ढब्बूजी से रहा नहीं गया। उन्होंने खाने की शिकायत करते हुए कहा, 'यहाँ के खाने में सफाई नहीं है।'

वेटर ने कहा, 'क्या! हमारे खाने में सफाई नहीं! अरे साहब! हमारे यहाँ खाने-पीने की सारी चीजें बिजली के चूल्हे पर तैयार होती हैं।'

ढब्बूजी बोल उठे, 'ओ! तो अब पता चला कि खाते वक्त मुझे बार-बार शॉक क्यों लग रहा था!'

134 कौन सच्चा, कौन झूठा

चौराहे पर खड़ा एक आदमी कुत्ता बेच रहा था और वह चिल्ला रहा था, 'यह कुत्ता बिकाऊ है। चमत्कारी कुत्ता! कीमत सिर्फ पच्चीस रुपए!'

ढब्बूजी उधर से गुजर रहे थे। आवाज सुनकर वे रुक गए। उन्हें देखकर कुत्ता बोल उठा, 'मुझपर दया करो, ढब्बूजी! यह मालिक मुझपर बहुत जुल्म करता है।'

'अरे! यह तो सचमुच बोलनेवाला कुत्ता है।' ढब्बूजी चकित हो गए। मालिक से बोले, 'इसे बेच क्यों रहे हो?'

'क्योंकि यह बहुत झूठ बोलता है!' कुत्तेवाले ने ज़वाब दिया।

135 दूसरे किस्म की बर्फ

गरमी भयंकर पड़ रही थी। ढब्बूजी का मन हुआ कि कुछ ठंडा पिया जाए। वे बर्फवाले के पास बर्फ लेने पहुँचे।

'बर्फ चाहिए।' उन्होंने कहा।

'लाओ पचास पैसे!' बर्फवाले ने कहा।

'पचास पैसे! मैं तो सिर्फ पच्चीस ही दूँगा।'

'पच्चीस पैसे में तो ऐसी पिघली हुई बर्फ ही मिलेगी।' बर्फवाले ने बर्फ के पानी का गिलास ढब्बूजी के सिर पर उड़ेल दिया, 'मंजूर है?'

136 घर-घर की कहानी

एक बार एक लेखक महोदय ढब्बूजी से मिलने आए। बातों-बातों में उन्होंने बताया कि उनका नया उपन्यास छपकर आ रहा है।

'आपके इस उपन्यास का नाम क्या है?' ढब्बूजी ने पूछा।

' 'मैं और मेरी पत्नी'।' लेखक महोदय ने बताया।

'ओह! तब तो आपने जरूर कोई युद्धकथा लिखी होगी!' ढब्बूजी ने कहा।

137 साड़ी की कीमत

एक लेखक महोदय अपनी पत्नी के साथ बाजार घूमने निकले। पत्नी बड़ी खूबसूरत साड़ी पहने हुए थी। रास्ते में ढब्बूजी मिल गए। दुआ-सलाम हुई। फिर ढब्बूजी कह उठे, 'वाह!

आपकी पत्नी की साड़ी क्या है, एक गीत है!'

'जी नहीं। मेरी पत्नी की साड़ी एक गीत ही नहीं, दो कहानियाँ और एक उपन्यास भी है!' लेखक महोदय ने जवाब दिया।

138 सिर पीटनेवाली बात

एक आदमी अपनी ही हाँक रहा था, 'मैं एक ऐसी जगह जानता हूँ, जहाँ लड़कियाँ सिर्फ अँगूठी ही पहनती हैं और कुछ नहीं!'

ढब्बूजी की लार टपकने लगी—बोले, 'सच! क्या तुम वह जगह मुझे बता सकते हो?'

उस आदमी ने कहा, 'क्यों नहीं! लड़कियों की अँगुली!'

139 हाथों में पैर

रात को गश्त लगानेवाले सिपाही ने देखा कि ढब्बूजी सड़क पर चले जा रहे हैं। उसे शक हुआ तो पास आकर बोला, 'रात के दो बजे यहाँ क्यों भटक रहे हैं आप?'

'मैं सो नहीं पाता।' ढब्बूजी ने आगे कहा, 'डरावने सपने आते हैं। सपने में शैतान मेरे पाँव खींचता है। अब आप ही बताइए, मैं क्या करूँ?'

'पैरों को हाथ में लेकर सोया कीजिए!' सिपाही ने सलाह दी।

140 सबूत

थानेदार साहब अपनी कुरसी पर बैठे-बैठे ऊँघ रहे थे। सुबह से कोई केस ही नहीं आया था। एकाएक दोपहर बाद उन्हें ढब्बूजी थाने में घुसते नजर आए। आते ही ढब्बूजी बोले, 'थानेदार साहब, रपट लिखिए।'

'क्या हुआ?' थानेदार ने पूछा।

'मेरी बीवी एक बार फिर घर छोड़कर भाग गई है।'

'चिंता की कोई बात नहीं, एकाध दिन में लौट आएगी।' थानेदार ने कहा।

'मुझे तो शक है…' ढब्बूजी ने कहा।

'क्यों?'

'इस बार वह अपना आईना भी साथ ले गई है!'

थानेदार की नींद हवा हो गई।

141 मुन्ने की तलाश

होली का दिन था। ढब्बूजी दिन भर होली खेलने के बाद शाम को घर लौटे। देखा कि श्रीमतीजी की साँस फूल रही है। कहने लगे, 'अरी भागवान! यह क्या हो गया?'

श्रीमती ढब्बूजी ने जवाब दिया, 'क्या बताऊँ! लड़के इस साल दिल खोलकर होली खेले। मैंने कम-से-कम पच्चीस लड़कों के मुँह घिस-घिसकर धोए, तब कहीं पता चला कि हमारा मुन्ना कौन सा है!'

142 पिटाई का धंधा

'मुन्ने, अपने से छोटे बच्चों को पीटते हुए तुम्हें शर्म आनी चाहिए। समझ में नहीं आता, बड़े होकर तुम क्या करोगे!'

'मास्टर बनूँगा!'

143 एक खोया एक पाया

ढब्बूजी एक पाँव में जूता पहने चले जा रहे थे। रास्ते में चंदूलाल मिल गया। उसने देखा तो हैरान होकर बोला, 'अरे, ढब्बूजी! क्या हुआ? आपके एक ही पाँव में जूता! क्या एक जूता खो गया?'

ढब्बूजी ने कहा, 'नहीं, एक जूता मिल गया।'

144 पुरानी पहचान

वर्षा हो रही थी। एक आदमी छाता लिये मस्ती से कहीं जा रहा था। रास्ते में ढब्बूजी ने उसे देखा तो अचानक बोले, 'सुनिए!'

वह आदमी रुक गया। आश्चर्य प्रकट करते हुए बोला, 'क्या बात है? क्या आप मुझे पहचानते हैं?'

ढब्बूजी ने कहा, 'जी नहीं! पर आपके छाते

को जरूर पहचानता हूँ, क्योंकि पिछले साल यह मेरा था।'

145 सूट का सफर

एक आदमी बढ़िया सूट पहने कहीं से आ रहा था। रास्ते में ढब्बूजी मिल गए और उसे घूर-घूरकर देखने लगे।

'इसमें हैरानी की क्या बात है? यह मेरा ट्रैवलिंग सूट है। यह मुझे विरासत में मिला है।' उस आदमी ने कहा।

'वह कैसे?' ढब्बूजी ने पूछा।

'सबसे पहले इसे मेरे दादा ने इस्तेमाल किया था, फिर मेरे पिताजी ने और अब मैं इस्तेमाल कर रहा हूँ!'

146 नरक का रास्ता

ढब्बूजी को पता चला कि चंदूलाल की मंगेतर ने उससे शादी करने से इनकार कर दिया है। वे मंगेतर के पास उसे समझाने पहुँचे।

'मैं चंदूलाल से विवाह नहीं कर सकती!' मंगेतर ने कहा।

'पर ऐसा क्यों?'

'वह नास्तिक है। उसे नरक में विश्वास नहीं है।'

'तो ऐसा करो कि तुम शादी कर लो। उसे जल्दी ही विश्वास हो जाएगा।' ढब्बूजी ने कहा।

147 उन्नीस-बीस भी नहीं

एक दिन एक औरत ढब्बूजी के पास आई और अपने पति की शिकायत करने लगी।

'देखिए न, मेरे पति ने मुझसे बोलना ही छोड़ दिया है। भला तुम ही बताओ, मैं उनसे किस बात में कम हूँ?'

'अजी, वह एकदम मूर्ख हैं! तुम उनसे किसी बात में कम नहीं हो!' ढब्बूजी ने कहा।

148 नहले पर दहला

चाँदनी छिटकी हुई थी और स्वच्छ आसमान में तारे टिमटिमा रहे थे। ढब्बूजी टैरेस पर खड़े मजा ले रहे थे।

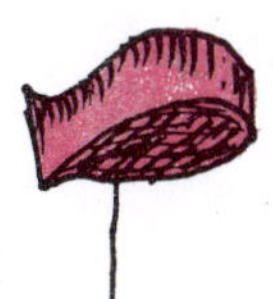

सामनेवाले टैरेस पर पड़ोसी खड़ा था। अचानक वह बोला, 'ढब्बूजी! अगर आसमान टूट पड़े तो आप क्या करेंगे?'

'तारों का व्यापार करूँगा।' ढब्बूजी ने उत्तर दिया।

पड़ोसी हँस दिया, 'कहीं तारों का व्यापार होता है!'

'तो कभी आसमान भी टूट पड़ता है!' ढब्बूजी भी कहने से नहीं चूके।

149 जला-भुना पति

शाम को ढब्बूजी मस्ती से घर की ओर आ रहे थे कि एक औरत ने उन्हें रोक लिया और कहने लगी, 'ढब्बूजी! आज आपकी श्रीमतीजी को कुकिंग क्लास से निकाल दिया गया!'

'वो तो होना ही था, जरूर कुछ जला दिया होगा।' ढब्बूजी ने कहा।

'जी हाँ, पूरी कुकिंग क्लास!' महिला ने कहा और अपनी राह चल दी।

150 अंत ने आते देर कर दी

भाषण के बाद नेताजी ने ढब्बूजी को मैदान में ही पकड़ लिया। पूछने लगे, 'सच बताना, मेरा भाषण आपको कैसा लगा?'

'अंत काफी अच्छा था।' ढब्बूजी ने जम्हाई लेते हुए कहा।

'था न अच्छा!' नेताजी बोले।

'लेकिन वह अंत ठीक तीन घंटे बाद आया...' और ढब्बूजी अपनी नींद को भगाने की कोशिश में सरपट भागने लगे।

151 बकबक

नेताजी दु:खी थे। समझ नहीं आ रहा था कि अपना दु:ख किससे प्रकट करें। किस्मत के मारे ढब्बूजी मिल गए। बस, नेताजी ने उन्हें ही पकड़ लिया और लगे अपनी करुण कथा सुनाने, 'आज मुझे बहुत गुस्सा आ गया। मैं भाषण दे रहा था और श्रोताओं में बैठी एक बुढ़िया मेरी नकल किए जा रही थी!'

'आपने उससे कह क्यों नहीं दिया कि वह बेवकूफ की तरह न बके!' ढब्बूजी ने समझाया।

152 कौन समझाए नासमझ को

ढब्बूजी एक बार वायुसेना में भरती होने के लिए भरती दफ्तर गए। उनका इंटरव्यू लिया गया। वायु सेना के अफसर ने पूछा, '···और कूदने के बाद पैराशूट न खुला तो आप क्या करेंगे?'

'अरे, यह भी कोई सवाल है! अगर पैराशूट न खुला तो नीचे आकर उसे ठीक करके फिर से कूदूँगा।' ढब्बूजी ने सीधा सा जवाब दिया।

153 सच इधर भी, उधर भी

ढब्बूजी स्टेशन की तरफ जा रहे थे। गाँव का मामला था। चलते-चलते थक गए, पर स्टेशन नजर नहीं आया। आखिर उन्होंने एक राहगीर से पूछ ही लिया, 'भाई, स्टेशन यहाँ से कितनी दूर है?'

'चार मील।' राहगीर ने बताया।

'चार मील! स्टेशन तो गाँव के करीब होना चाहिए।'

'सच है, पर रेलवेवालों का कहना है कि स्टेशन पटरी के करीब होना चाहिए।' राहगीर बोला।

154 दिमाग का फ्यूज उड़ा है

ढब्बूजी : डॉक्टर साहब, तीन चीजें मुझे ठीक से याद नहीं रहतीं।

डॉक्टर : कौन-कौन सी?

ढब्बूजी : आदमियों के चेहरे, आदमियों के नाम और···

डॉक्टर : और क्या?

ढब्बूजी : भूल गया...

155 लड़की का चक्कर

ढब्बूजी को जब यह पता चला कि उनकी पड़ोसिन अपने पति से तलाक लेना चाहती है तो वे बड़े हैरान हुए। एक दिन पड़ोसिन दिखाई पड़ गई तो ढब्बूजी ने पूछा, 'तुम्हारी शादी तो पिछले ही साल हुई थी! तलाक क्यों लेना चाहती हो?'

पड़ोसिन ने कहा, 'शादी के एक साल तक हम बहुत खुश थे; पर लड़की के आने से गड़बड़ हो गई।'

'लड़का हो या लड़की, वह तो भगवान् की देन है।' ढब्बूजी ने जवाब दिया।

'हाँ, सो तो ठीक है, पर यह लड़की बाईस साल की है।' पड़ोसिन ने कहा।

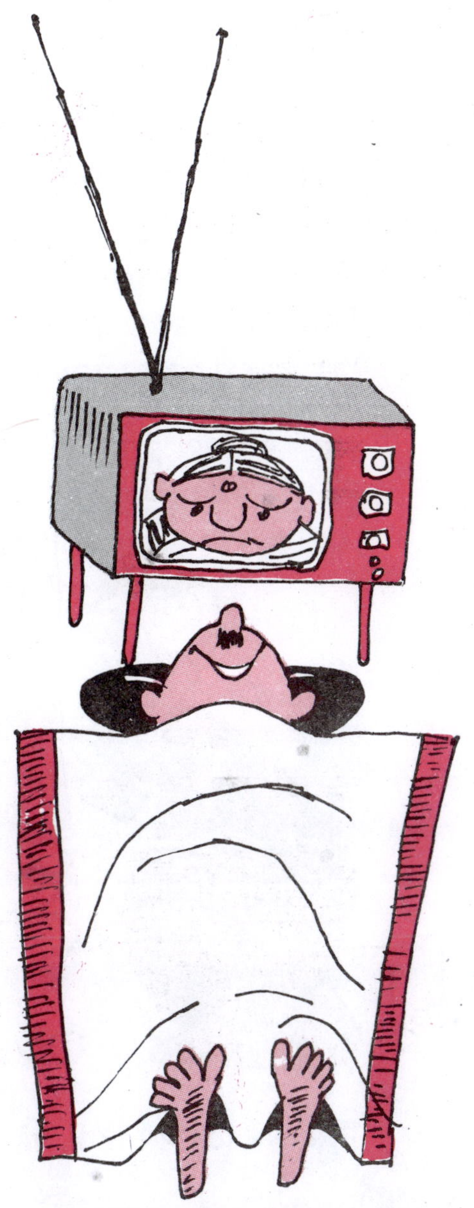

156 नींद का गोला

एक दिन ढब्बूजी के घर एक परिचित पधारे। ढब्बूजी टी.वी. देख रहे थे तो परिचित ने पूछा, 'ढब्बूजी! आपने टी.वी. क्यों खरीदा?'

'इससे एक बहुत बड़ा फायदा है। पहले मैं सिनेमा का टिकट लेकर थियेटर में जाता था और फिल्म देखते-देखते मुझे वहीं नींद आ जाती थी। अब मैं चैन से घर पर सो सकता हूँ।' इतना कहकर ढब्बूजी ऊँघने लगे।

157 बेमौत मारा गया

एक सज्जन अपनी ही चिंता में खोए हुए रास्ता चल रहे थे। रास्ते में उन्हें ढब्बूजी मिल गए। बस, तब क्या था! अपनी उलझन उन्होंने ढब्बूजी के गले मढ़ दी। कहने लगे, 'ढब्बूजी!

अगर दुनिया में मौत न होती तो?'

'लोगबाग बेमौत ही मरते!' ढब्बूजी ने उलझन को वापस उन्हीं सज्जन को लौटाते हुए कह दिया।

158 आनंद की बात

ढब्बूजी अपनी छड़ी को बगल में दबाए मस्ती से कहीं जा रहे थे। रास्ते में एक परिचित मिल गए तो बातों-बातों में ढब्बूजी उससे बोले, 'सवेरे पाँच बजे उठना, ठंडे पानी से स्नान करना और दो मील पैदल चलना—इससे बढ़कर इस संसार में और कोई आनंद नहीं है।'

'अच्छा! आप कब से यह सब कर रहे हैं?' परिचित ने पूछा।

'जी...कल से शुरू करने जा रहा हूँ।'

159 दस का राज

ढब्बूजी चश्मा बनानेवाले डॉक्टर की दुकान पर पहुँचे। डॉक्टर ने उन्हें स्टूल पर बैठने को कहा और सामने की दीवार की ओर इशारा करते हुए पूछने लगे, 'बताइए ढब्बूजी! आपके सामने क्या है?'

'10।' ढब्बूजी ने मुसकराते हुए कहा।

'तब तो आपको चश्मे की सख्त जरूरत है।' डॉक्टर ने कहा।

'वह कैसे?'

'जिसे आप 10 समझ रहे हैं, वह तो अमिताभ बच्चन और टुनटुन की तसवीर है।'

160 उपयोगी बात

गाड़ी कई घंटे लेट थी और प्रतीक्षालय में बैठे-बैठे ढब्बूजी बोर हो रहे थे। एकाएक एक

रेलवे अधिकारी उन्हें नजर आ गया। वे उछलकर उसके पास पहुँचे और कहने लगे, 'क्या आप बता सकते हैं कि हमारी ट्रेनें रोजाना कई घंटे देर से क्यों आती हैं?'

अधिकारी ने कहा, 'जरूर बता सकता हूँ। बात यह है कि अगर गाड़ियाँ समय से आने लगें तो हमारे प्रतीक्षालय का उपयोग कैसे होगा?'

161 न पापड़, न पराँठा

श्रीमती ढब्बूजी ने तश्तरी ढब्बूजी के सामने ला रखी और खुद ही कहने लगीं, 'दो चीजें मैं बहुत बढ़िया बनाती हूँ—पापड़ और पराँठे।'

'अच्छा!' ढब्बूजी ने तश्तरी की तरफ देखा और पूछा, 'यह बताओ कि उन दोनों में से यह क्या है?'

162 मुन्ने की दौड़

ढब्बूजी : उठो मुन्ने, स्कूल का वक्त हो गया।

मुन्ना : मैं बहुत थक गया हूँ। थोड़ी देर बाद उठूँगा। मुझसे कुछ न बोलो।

ढब्बूजी : अबे गधे, आठ घंटे सोए रहकर भी कोई थकता है!

मुन्ना : पर सपने में मैं दस मील दौड़ा हूँ, पापा।

163 झगड़े का अंत

मुन्ना : मेरे पिताजी और रामलाल का झगड़ा दस साल तक चला!

दोस्त : फिर···फिर क्या झगड़ा खत्म हो गया?

मुन्ना : नहीं, रामलाल खत्म हो गया।

164 अंदर से बाहर

झमाझम वर्षा हो रही थी और आइसक्रीमवाला चिल्ला रहा था, 'खून! खून!'

ढब्बूजी उसकी आवाज सुनकर दौड़े आए। बोले, 'अरे! खून कहाँ हुआ? किसका हुआ?'

'किसीका भी नहीं हुआ।' आइसक्रीमवाले ने जवाब दिया।

'फिर खून-खून क्यों चिल्ला रहे थे?'

'श्रीमानजी! इस बारिश में अगर 'आइसक्रीम, आइसक्रीम' चिल्लाऊँगा तो घर से कौन

बाहर निकलेगा?'

165 उल्लू की बीवी

ढब्बूजी : मैं सोच रहा था कि सिर्फ मैं ही उल्लू हूँ।

पोपटलाल : क्यों? क्या हुआ?

ढब्बूजी : दो दिन पहले मैंने अपनी बीवी को कश्मीर के सेब लेने भेजा था।

पोपटलाल : तो?

ढब्बूजी : आज कश्मीर से उसका तार आया कि उसने सेब खरीद लिये हैं।

166 गाय और मौसम

ढब्बूजी : समझो, मुन्ने! मौसम का पता गायों से लगाया जाता है। अगर गायें खड़ी हों तो वर्षा की संभावना है और बैठी हों तो समझ लो कि मौसम सुहावना होगा।

मुन्ना : लेकिन पिताजी, अगर आधी गायें खड़ी हों और आधी बैठी हों तो?

ढब्बूजी : तो समझ लो, वर्षा हो भी सकती है और नहीं भी।

167 झंझट से छुटकारा

मुन्ना : पिताजी, बड़ा होकर मैं मंदिर का पुजारी बनूँगा।

ढब्बूजी : क्यों, कोई खास बात?

मुन्ना : देखिए न! वैसे ही मुझे मम्मी के साथ रोजाना मंदिर जाकर पूजा-पाठ करना पड़ता है। इससे अच्छा तो यह है कि मैं पुजारी बनूँ और सारा दिन घंटे बजाया करूँ!

168 कुत्ते की कीमत

ढब्बूजी केमिस्ट से कह रहे थे, 'देखिए साहब! इन बोतलों पर साफ-साफ अक्षरों में लिख दीजिए कि कौन सी दवा मेरी पत्नी के लिए है और कौन सी मेरे कुत्ते के लिए। मेरा कुत्ता बहुत कीमती है। कहीं उसे कुछ हो गया तो मेरी तो जान ही निकल जाएगी।'

169 सफेद बालों का इलाज

ढब्बूजी का नौकर एक दिन उनके पास आकर शिकायत के स्वर में बोला, 'सेठजी, सारी चीजों के दाम बढ़ गए हैं, आपकी नौकरी करते-करते मेरे सिर के बाल भी सफेद हो गए। अब तो कुछ खयाल कीजिए।'

ढब्बूजी को सचमुच उसपर तरस आ गया। पाँच रुपए का नोट उसे देते हुए बोले, 'यह लो पाँच रुपए और बाल काले करनेवाले किसी भी तेल की बोतल खरीद लो!'

170 कड़के का सम्मान

एक आदमी ढब्बूजी के पास आकर कहने लगा, 'ढब्बूजी! आपके पास सौ के छुट्टे होंगे?'

ढब्बूजी ने कहा, 'नहीं; पर आपने यह प्रश्न पूछकर मुझे सम्मानित किया, उसके लिए धन्यवाद।'

171 तोहफा

एक दिन एक युवती ढब्बूजी के पास आई और बोली, 'ढब्बूजी! मेरी शादी में भेंट देने के लिए आपने कुकर खरीदा था न?'

'हाँ।' ढब्बूजी ने कहा।

'फिर दिया क्यों नहीं?'

'जब मैंने कुकर खरीदा तब उसकी कीमत पचहत्तर रुपए थी; लेकिन नया बजट आउट होते ही उसकी कीमत एक सौ पच्चीस रुपए हो गई। सो मैंने ही रख लिया।' ढब्बूजी ने भोलेपन से जवाब दिया।

172 तार-जिंदगी और मौत के

पोपटलाल एक ऐसी जगह खड़ा था, जहाँ दो तार थे।

अचानक ढब्बूजी वहाँ आ गए। पोपटलाल ने गंभीरता से कहा, 'ढब्बूजी! इन दो तारों में से किसी एक को छुइए।'

ढब्बूजी ने एक तार को छूते हुए कहा, 'यह लीजिए।'

'अब फौरन दूर खड़े हो जाइए।'

'क्यों?'

'अब मुझे पता चल गया है कि बिजली के दूसरे तार को छूने का अर्थ होगा—मृत्यु!'

173 टेकनिकलर

संपादक : ढब्बूजी! उपन्यास तो आपने बढ़िया लिखा है, पर इसका नाम बदलकर 'इंद्रधनुष' रखना पड़ेगा।

ढब्बूजी : लेकिन मेरे इस उपन्यास का इंद्रधनुष से तो कोई लेना-देना ही नहीं!

संपादक : क्यों? आपके उपन्यास का हीरो शुरू से ही गुस्से में लाल है। खलनायक उससे इतनी नफरत करता है कि हरा हो जाता है। हीरोइन डर के मारे पीली पड़ गई है। हीरोइन की माँ गुलाबी है तो हीरो का बाप जामुनी!...

174 सींकिया इश्तेहार

ढब्बूजी नया धंधा शुरू करना चाह रहे थे। उनका एक दोस्त रोज आकर उनके पास बैठता था। बड़ा सींकिया किस्म का।

एक दिन ढब्बूजी ने उससे कहा, 'दोस्त, यह कहते हुए मुझे दुःख होता है कि

कल से तुम मेरी दुकान में आकर न बैठा करो।'

'क्यों?' सींकिया दोस्त ने पूछा।

'कल से मैं ताकत की गोलियाँ बेचने जा रहा हूँ।' ढब्बूजी ने खुलासा किया।

175 सफर भी, सौदा भी

ढब्बूजी को स्टेशन पहुँचना था। स्टेशन घर से काफी दूर था। रिक्शे से जाने की सोचकर उन्होंने रिक्शेवाले को बुलाया और पूछने लगे, 'अरे भाई रिक्शावाले! स्टेशन जाने का क्या लोगे?'

'पाँच रुपए।' रिक्शावाले ने कहा।

'पाँच रुपए!' ढब्बूजी ने हैरान होकर कहा, 'तब तुम ही रिक्शा पर बैठ जाओ, मैं सिर्फ ढाई रुपए में ले जाऊँगा!'

176 लड्डू की मार

नेताजी ढब्बूजी के घर भोज पर आए तो खाना खाते हुए कहने लगे, 'आज का खाना इतना लजीज है कि अगर एक लुकमा और खा लूँगा तो शायद मैं भाषण देने के काबिल नहीं रहूँगा।'

'कोई इन्हें एक लड्डू और दे दो!' ढब्बूजी ने ऊँचे स्वर में कहा।

177 फासले

चंपक भाई और ढब्बूजी गप में व्यस्त थे।

चंपक भाई गप-ही-गप में डींक हाँक रहे थे कि 'एक बार मैं

फ्लाइंग रानी से यात्रा कर रहा था। वह इतनी तेज दौड़ रही थी कि मैंने पान खाकर एक स्टेशन पर थूका तो दूसरे स्टेशन का प्लेटफॉर्म लाल हो गया।'

ढब्बूजी ने कहा, 'यह तो कुछ भी नहीं! एक बार मैं डेक्कन क्वीन से यात्रा कर रहा था और एक स्टेशन पर कुली से झगड़ा हो गया। मैंने उसे मारने के लिए हाथ खिड़की से बाहर निकाला तो पता चला जिसे घूँसा लगा, वह तो तीसरे स्टेशन का कुली था!'

178 नस-नस में रंग

होली का दिन था। ढब्बूजी के दो-तीन डॉक्टर मित्र उनके पास पहुँचे। एक कहने लगा, 'चिंता न कीजिए, ढब्बूजी! हम आपके बदन पर रंग नहीं डालेंगे।'

'सच, डॉक्टर साहब?'

'हाँ, पर आपके बदन में रंग जरूर डालेंगे!'...और उन्होंने रंग से भरी सिरिंज उनकी बाँहों में घुसेड़ दी।

179 जख्म पर नमक

होटल के खाने का बिल ढब्बूजी के हाथ में था और वे परेशान होकर वेटर से कह रहे थे, 'यह क्या? आपका डेढ़ सौ रुपए का खाने का बिल देखकर मैं बेहोश हो गया था। माथे पर ठंडा पानी डालकर आप मुझे होश में लाए, और अब देखता हूँ तो बिल में दो रुपए और बढ़ गए हैं!'

'दो रुपए ठंडे पानी के लगाए गए हैं!' वेटर ने कहा।

ढब्बूजी फिर बेहोश हो गए।

180 फिल्म का फंदा

एक दिन एक फिल्म प्रोड्यूसर ढब्बूजी के पास आए। वे ढब्बूजी से बोले, 'ढब्बूजी, हम महाराजा रणजीत सिंह पर फिल्म बनाने जा रहे हैं और आपको रणजीत सिंह का रोल देना चाहते हैं।'

'अवश्य! अवश्य!' ढब्बूजी ने प्रफुल्लित होकर कहा।

'तब परसों से शूटिंग शुरू!'

'कल से क्यों नहीं?' ढब्बूजी ने पूछा।

'इसलिए कि कल हम आपकी एक आँख फोड़ेंगे।'

181 धोखा

ढब्बूजी व उनकी श्रीमतीजी एक दिन अपने खटारे में कहीं घूमने जा रहे थे। श्रीमतीजी कहने लगीं, 'मोटर चलाते वक्त आपको सावधानी बरतनी चाहिए। अगर मैं आज करीब नहीं होती तो आप एक साथ तीन बच्चों को कुचल देते।'

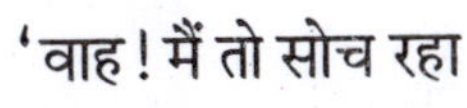

'वाह! मैं तो सोच रहा था कि मोटर तुम चला रही हो!' ढब्बूजी ने कहा।

182 बत्तीस से कम

ढब्बूजी : मुन्ने, तुमने इस बच्चे के दो दाँत क्यों तोड़ डाले?

मुन्ना : इसमें मेरा कोई कसूर नहीं।

ढब्बूजी : क्या मतलब?

मुन्ना : इसके मुँह में सिर्फ दो ही दाँत थे!

183 भगवान् भूल सुधारें

ढब्बूजी : मुन्ने! आज तुम बार-बार भगवान् से यह प्रार्थना क्यों कर रहे हो कि कराची भारत की राजधानी बन जाए?

मुन्ना : इम्तिहान के पेपर में मैं ऐसा ही लिख आया हूँ न!

184 सूप का सैंपल

एक दिन ढब्बूजी एक होटल में खाना खाने गए। उन्होंने सूप, चिकन बिरयानी और सलाद का ऑर्डर दिया।

वेटर थोड़ी देर बाद आया और उनके सामने एक प्लेट रख गया।

ढब्बूजी ने कहा, 'वेटर! इस प्लेट में क्या है?'

'यह आपका सूप है, साहब!' वेटर ने जवाब दिया।

185 भिखारी की बीवी

एक भिखारी ढब्बूजी से गुजारिश करने लगा, 'बाबूजी, चाय के लिए पचास पैसे दे दीजिए। भगवान् आपका भला करेगा।'

'लेकिन चाय तो पच्चीस पैसे में ही मिलती है।' ढब्बूजी ने कहा।

'सच है, बाबूजी; पर आज मेरी बीवी भी मेरे साथ है।'

186 कुत्ते की जुबान

ढब्बूजी गधे पर बैठे चले जा रहे थे कि एक टेकरी पर बैठा कुत्ता बोला, 'हैलो, ढब्बूजी!'

ढब्बूजी हैरान हो गए और कहने लगे, 'कमाल है! मुझे तो पता ही नहीं था कि इस गाँव के कुत्ते भी बोलते हैं।'

'हाँ, मुझे भी आज ही पता चला।' पास खड़ा गधा बोल उठा।

187 बेवकूफ

ढब्बूजी : डॉक्टर साहब! क्या आप कोई ऐसी गोली मुझे दे सकते हैं, जिससे मैं अक्लमंद हो जाऊँ?

डॉक्टर : जरूर, ये गोलियाँ सात दिन तक दिन में तीन बार खाओ।

सातवें दिन ढब्बूजी डॉक्टर के पास आए।

डॉक्टर : कोई फर्क महसूस हुआ, ढब्बूजी?

ढब्बूजी : नहीं, डॉक्टर साहब।

डॉक्टर : तो फिर सात दिन तक और गोलियाँ खाओ।

चौदह दिन बाद फिर ढब्बूजी पधारे।

ढब्बूजी : डॉक्टर साहब! सच कहूँ तो ये गोलियाँ दवा की नहीं, पिपरमिंट की हैं।

डॉक्टर : देखा! आप अक्लमंद हो गए न!

188 वह धंधा मेरा नहीं

मौसम बरसात का था। सारा घर चू रहा था। मकान मालिक आया तो ढब्बूजी शिकायत करने लगे, 'बाहर बड़े जोरों की बारिश हो रही है और अंदर पानी टपक रहा है। हफ्ते भर से हमारी यही हालत है। आखिर ऐसा कब तक चलता रहेगा?'

'यह मैं कैसे जानूँ? मैं मकान मालिक हूँ, मौसम की खबरें देनेवाला नहीं। समझे!' मकान मालिक ने कहा और चलता बना।

189 दो घड़ी दो सुई

पोपटलाल ने देखा कि ढब्बूजी ने अपनी कलाई पर दो घड़ियाँ बाँध रखी हैं। कारण जानने के लिए पूछने लगे, 'ढब्बूजी! आपने कलाई पर दो घड़ियाँ क्यों बाँध रखी हैं?'

'इसलिए कि एक में सिर्फ मिनट की सुई है और दूसरी में सिर्फ घंटे की।' ढब्बूजी ने सहजभाव से उत्तर दिया।

190 हरी घास, न हरी नोटें

कार्यकर्ता : ढब्बूजी, पार्टी के लिए कुछ पत्रपुष्प दीजिए।

ढब्बूजी : क्षमा कीजिए, मैं गरीब आदमी हूँ।

कार्यकर्ता : पुष्प नहीं तो पुष्प की पँखड़ी ही सही।

ढब्बूजी : क्षमा चाहूँगा। मेरे पास बगीचा भी नहीं है।

191 मूँछोंवाली चिड़ियाँ

ढब्बूजी को मकान की तलाश थी। एक मकान देखने गए। मकान छोटा सा था। मकान

मालिक से बोले, 'यह मकान है या चिड़िया का घोंसला? अच्छा बताओ, किराया क्या लोगे?'

'एक चिड़िया के बीस रुपए, दो के चालीस रुपए!' मकान मालिक ने बताया।

192 खत का बोझ

'ढब्बूजी, बस पूछिए मत! जब मेरी पत्नी का पत्र आता है तो मुझे शब्दकोश की मदद लेनी पड़ती है।'

'बस! अरे, जब मेरी पत्नी का पत्र आता है तो मुझे चेकबुक की मदद लेनी पड़ती है!'

193 कुछ तो है

ढब्बूजी : आपके पास टूथ ब्रश है?

दुकानदार : ब्रश नहीं है, पेस्ट है।

ढब्बूजी : अच्छा, आपके पास पाउडर होगा?

दुकानदार : पाउडर नहीं है, क्रीम है।

ढब्बूजी : क्रीम नहीं चाहिए। टॉर्च मिलेगी?

दुकानदार : वह तो कल ही खत्म हो गई।

ढब्बूजी : खैर, ताला तो होना ही चाहिए।

दुकानदार : है। दूँ?

ढब्बूजी : जी नहीं, उसे अपनी दुकान पर लगाकर आप घर पर आराम कीजिए।

194 आसान तरीका

एक भिखारी सड़क के किनारे खड़ा भीख माँग रहा था। ढब्बूजी को पास से गुजरते देखकर वह कहने लगा, 'सेठजी! मैं कोई मामूली आदमी नहीं हूँ। रुपए कमाने के सौ तरीके नाम की विख्यात पुस्तक मैंने ही लिखी है।'

'तब सड़क पर इस तरह भीख क्यों माँग रहे हो?' ढब्बूजी ने पूछा।

'यह भी एक तरीका है।' भिखारी ने गर्व से उत्तर दिया।

195 उलटे हाथ की गाड़ी

ढब्बूजी की गाड़ी एक टैक्सी से भिड़ गई! ट्रैफिक हवलदार दनदनाता उनके पास आया। बोला, 'ढब्बूजी, आपकी कार टैक्सी से आगे थी। आपने मुड़ते वक्त हाथ क्यों नहीं दिखाया?'

ढब्बूजी बोले, 'जब उसे मेरी इतनी बड़ी कार दिखाई नहीं दी तो मेरा छोटा सा हाथ क्या खाक दिखाई पड़ता!'

196 दर्द दवा बन गया

ज्योतिषी : कठिनाइयाँ आपकी किस्मत में सिर्फ पचास साल की उम्र तक हैं, यजमानजी।

ढब्बूजी : और उसके बाद?

ज्योतिषी : फिर तो कठिनाइयाँ सहने की आदत पड़ जाएगी।

197 भिखारी-भिखमंगा एंड संस

एक हट्टे-कट्टे भिखारी को देखकर ढब्बूजी को बड़ा गुस्सा आता था। एक दिन वे उसे डाँट ही बैठे, 'इस तरह रास्ते में खड़े रहकर भीख माँगते हुए तुम्हें शर्म आनी चाहिए!'

'आपकी बात सच है, साहब! कल से मैं भीख माँगने के लिए दफ्तर खोलकर बैठूँगा।' भिखारी ने कहा।

198 मान-अपमान

एक दिन एक सेल्समैन ढब्बूजी से टकरा गया। दोनों के बीच उसी काम को लेकर बातें होने लगीं।

'काम तो अच्छा है, पर लोग अकसर बेइज्जती कर देते हैं!' सेल्समैन ने कहा।

'सेल्समैन का यही काम मैंने भी दस साल किया है।' ढब्बूजी ने अपना अनुभव सुनाते हुए बताया, 'लोगों ने मुझे गालियाँ दी हैं, अपने यहाँ से धक्के देकर निकाल दिया है, माल छीनकर दूर फेंक दिया है; मगर बेइज्जती तो आज तक किसीने नहीं की!'

199 सीधा या चालाक

बॉस ने उनके आने पर गुस्से में कहा, 'ढब्बूजी! आपने तो कहा था कि आप डबल ग्रेजुएट हैं, जबकि आपने हाई स्कूल भी पास नहीं किया है। आपने यह भी कहा था कि आपको छह साल का तजुरबा है, जबकि हर नौकरी से आपको दूसरे ही दिन जूते मारकर निकाल दिया गया था। इसका क्या मतलब?'

'श्रीमानजी! यह मत भूलिए कि नौकरी के इश्तिहार में आपने स्पष्ट लिखा था कि आपको एक चालाक आदमी की जरूरत है।' ढब्बूजी ने कैफियत देते हुए कहा।

200 दस नंबरी

ढब्बूजी के पास एक आदमी काम माँगने आया। ढब्बूजी ने पूछा, 'क्या तुम्हें विश्वास है कि तुम कड़ी मेहनत कर सकोगे?'

वे सज्जन कहने लगे, 'अगर आपको विश्वास न हो तो आप किसी भी जेलर से पूछ सकते हैं!'

201 चौबीस घंटे बाद

ढब्बूजी प्रसन्न मुद्रा में घर लौटे और आते ही अपनी श्रीमतीजी से कहने लगे, 'जानती हो, मेरे बैग में क्या है?'

'नहीं! क्या है?' श्रीमतीजी बोलीं।

'सिनेमा के दो टिकट।'
'सच! तब तो मैं तैयार होने चली।' कपड़े बदलने को जाते हुए श्रीमती ढब्बूजी बोलीं।
'अरे-अरे, रुको, ठहरो! टिकट तो कल का है।' ढब्बूजी ने कहा।

202 सिर खो जाए तो

मुन्ना : पापा! क्या यह सच है कि खतरा देखकर शुतुरमुर्ग अपना सिर रेत में छुपा लेता है?

ढब्बूजी : बिलकुल सच है।

मुन्ना : तब उसे यह कैसे पता चलता है कि उसने अपना सिर कहाँ छुपाया है?

203 हजार जोरू का एक मर्द

पोपटलाल : इस किताब में लिखा है कि शेख जलालुद्दीन की सौ रानियाँ थीं। हैरानी है, वह इतनी सारी औरतों को खिलाता क्या था!

ढब्बूजी : हैरानी की बात तो यह है कि वह खुद क्या खाता था!

204 जमाने की रफ्तार

शाम का वक्त था। चंदूलाल और ढब्बूजी टहलने निकले। चलते-चलते चंदूलाल उस जगह रुक गया जहाँ एक मकान में चिल्ल-पों मची हुई थी।

चंदूलाल : क्या बताऊँ, ढब्बूजी! जमाना बड़ी तेजी से आगे बढ़ रहा है।

ढब्बूजी : क्या हुआ?

चंदूलाल : सवेरे यहाँ से गुजरा तो इस मकान की नींव डाली जा रही थी और शाम को देखता हूँ तो मकान मालिक किराएदारों को किराया न देने के कारण धक्के मारकर मकान से निकाल रहा है!

205 ऐसे भी, वैसे भी

एक दिन श्रीमती ढब्बूजी ने विस्फोट कर दिया।
'मुझे आज पता चला कि तुमने मुझसे शादी क्यों की?' उन्होंने ढब्बूजी से कहा।
'क्यों की?' ढब्बूजी हैरानी से पूछने लगे।
'इसलिए कि मेरे पिताजी ने मेरे नाम पर पच्चीस हजार रुपए बैंक में रखे थे।'

'झूठ! बिलकुल गलत! तुम्हारे पिताजी के बजाय किसी और ने पच्चीस हजार रुपए तुम्हारे नाम रखे होते, तब भी मैं तुम्हीं से शादी करता।' ढब्बूजी ने कहा।

206 राय की बू

'मुन्ने, तुम्हारी रिपोर्ट पढ़कर मुझे पता चला है कि तुम्हारे बारे में तुम्हारे मास्टरजी की राय अच्छी नहीं है।'

'ठीक है। उनके बारे में मेरी राय भी कहाँ अच्छी है!'

207 पवन पुत्र का भाई

ढब्बूजी ने एक घोड़ा खरीदा। वे रोज सुबह उसे टहलाने ले जाते। एक दिन रास्ते में चंपक भाई मिल गए।

'अरे ढब्बूजी! आपने अपने घोड़े का नाम क्या रखा है?'

'अफवाह।'

'क्यों?'

'अफवाहें कम-से-कम समय में ज्यादा-से-ज्यादा फासला तय कर लेती हैं।' ढब्बूजी ने जवाब दिया।

208 बिल और कमजोर दिल

ढब्बूजी : डॉक्टर साहब, आप मेरा बिल देने की कृपा करेंगे?

डॉक्टर : धीरज रखिए, ढब्बूजी, अभी आपमें इतनी ताकत नहीं है।

209 चुनौती

ढब्बूजी : आज तक इस संपादक के बच्चे को मैंने जो कुछ भी भेजा, इसने लौटा दिया। अब देखता हूँ, कैसे लौटाता है!

श्रीमती ढब्बूजी : अरे, ऐसा भी क्या लिख डाला?

ढब्बूजी : सालाना चंदे का चेक।

210 उपाय

आज मुन्ना वक्त से पहले ही घर चला आया तो ढब्बूजी को हैरानी हुई। पूछने लगे, 'मुन्ने, आज स्कूल से जल्दी क्यों चले आए?'

'मैंने पिंकी को पीटा तो मास्टरजी ने मुझे क्लास से बाहर निकाल दिया।' मुन्ने ने कहा।

'लेकिन तुमने पिंकी को क्यों पीटा?'

'आज जल्दी घर जो आना था!'

211 घटिया बैरा बढ़िया खाना

ढब्बूजी एक होटल में खाना खाने गए। चंदूलाल वहाँ बैरा का काम करता था। खाना देखकर ढब्बूजी बोले, 'अरे चंदूलाल! तुम ऐसे घटिया होटल में बैरा बन गए! छि, छि, छि!'

चंदूलाल बोला, 'तुम्हारी बात गलत नहीं, ढब्बूजी! पर मैं खाना तो किसी बढ़िया होटल में खाता हूँ!'

212 दया करो, ढब्बूजी

टूरिस्ट गाइड ने ढब्बूजी को इतना घुमाया कि एक ही दिन में सारा दिल्ली शहर दिखा दिया।

ढब्बूजी ने कहा, 'आपका शहर हमें बहुत ही पसंद आया। मैं इस शहर की याद अपने मन में सदा के लिए रखना चाहता हूँ। बताइए, मैं यहाँ से क्या ले जाऊँ?'

'तशरीफ!' गाइड ने कहा।

213 सात दिन के आठ घोटाले

युवक : ढब्बूजी, मैं सोच रहा हूँ कि अपनी होनेवाली बीवी को अपने गुजरे हुए

दिनों के सारे किस्से सुना दूँ।

ढब्बूजी : पर अभी हफ्ता भर पहले तो तुमने अपनी होनेवाली बीवी को सबकुछ बता दिया था।

युवक : हाँ, पर वे हफ्ता भर पहले की बातें थीं।

214 जगह बदलने से आदमी नहीं बदलता

ढब्बूजी घास पर लेटे थे। पैरों के पास एक पेड़ था और उनका मूड दार्शनिक हो रहा था—'इस जीवन से मैं अब ऊब चुका हूँ। कहीं चेतना नजर नहीं आती, जीवन नजर नहीं आता। हकीकत में मुझे अपने आपको ही बदलने की जरूरत है।' वे उठे और पेड़ की ओर सिर करके लेट गए।

215 पानी के पहलू

ढब्बूजी : (दूधवाले भैयाजी से) मैंने आज लॉटरी के ढेर सारे टिकट खरीदकर पचास रुपए पानी में डाल दिए।

भैयाजी : और मुझे देखा! आज मैं पानी से पचास रुपए पैदा करूँगा। और भैयाजी ने अपनी दूध की हँडिया नल के नीचे लगा दी।

216 आगे की सोच

ढब्बूजी दु:खी थे, क्योंकि उनका बटुआ खो गया था। वे कुछ सोच नहीं पा रहे थे। एक आदमी उनका बटुआ ले आया। ढब्बूजी ने बटुआ खोलकर देखा। फिर बोले, 'आप मेरा खोया हुआ बटुआ तो ढूँढ़ लाए, पर इसमें दस रुपए का एक नोट था। उसके बजाय इसमें से एक-एक के दस नोट निकले। ऐसा क्यों?'

'मैंने नोट रास्ते में भुनवा लिया। सोचा, शायद आप मुझे कुछ बख्शीश देना चाहें और आपके पास एक रुपए का नोट न हो!' उस आदमी ने बड़ी समझदारी से कहा।

217 चिंता उधर की

डॉक्टर : ढब्बूजी, अब आप पूरी तरह तंदुरुस्त हो गए हैं। बस, थोड़ी सी तकलीफ आपके दाएँ पैर में होगी। पर उसकी चिंता करने की जरूरत नहीं।

ढब्बूजी : हाँ, डॉक्टर साहब, अगर आपके दाएँ पैर में तकलीफ होती तो मैं भी चिंता न करता।

218 भीतर का राज

बदरू भाई : अब क्या बताऊँ, ढब्बूजी! एक के बाद एक मेरी दोनों बीवियाँ चल बसीं।

ढब्बूजी : ओह! यह तो बहुत बुरा हुआ। मगर यह हुआ कैसे?

बदरू भाई : जी, पहली ने जहर खा लिया और दूसरी की खोपड़ी तड़क गई थी।

ढब्बूजी : लेकिन दूसरी बीवी की खोपड़ी तड़की कैसे?

बदरू भाई : उसने जहर खाने से इनकार कर दिया था।

219 कंजूस का काका

नाई के पास पहुँचते ही ढब्बूजी ने दनदनाते हुए कहना शुरू कर दिया, 'ध्यान से सुन लो! मुझे दाढ़ी बनवानी है, बाल नहीं कटवाने हैं, सिर में तेल नहीं डलवाना है, मालिश नहीं करवानी, नाखून भी नहीं कटवाने और न ही शैंपू करवाना है; सिर्फ दाढ़ी बनवानी है।'

नाई ने कहा, 'जी, हुजूर! साबुन के साथ या साबुन के बगैर?'

220 असली वजह

'ढब्बूजी! आपको विदेशों से क्रिकेट खेलने के लिए आमंत्रण आ रहे हैं, पर आप अपनी भारतीय टीम छोड़ना ही नहीं चाहते हैं। ऐसा क्यों?'

'इसलिए कि भारतीय टीम में फील्डिंग एक ही बार करनी पड़ती है, जबकि बल्लेबाजी की बारी दो-दो बार आती है।'

221 मैं चुप रहूँगा

दरजी की दुकान बंद थी और बाहर खड़ा एक आदमी दुःख भरी आवाज में कह रहा था, 'वह कमबख्त दरजी भाग गया और साथ में टेरिलीन की तीन पतलूनों का मेरा कपड़ा भी लेता गया!'

ढब्बूजी सुन रहे थे। बोले, 'बस इतना ही! मेरे तो चार कुरतों का नाप लेकर भागा है

और फिर भी मैं खामोश हूँ!'

222 ओ३म शांतिः-शांतिः

ढब्बूजी : क्या बताऊँ, साहब! जब आपने भाषण शुरू किया तो एक साथ तीन सौ लोग शांत हो गए।

नेताजी : सच!

ढब्बूजी : हाँ, उन सबको नींद आ गई।

223 बड़ी फ्रेम का बड़ा पैसा

कला दीर्घा में घूमते हुए ढब्बूजी के किसी सवाल का उत्तर देते हुए एक सज्जन कह रहे थे, 'जब आपने पूछ ही लिया है तो बता दूँ, ऐसे छोटे चित्र मुझे बिलकुल पसंद नहीं। बड़े चित्र हों तो भव्य और सुंदर लगें।'

ढब्बूजी : क्या आप कला-विवेचक हैं?

सज्जन : जी नहीं, मैं फ्रेममेकर हूँ।

224 प्रेमचंद अभी जिंदा हैं

सज्जन : यह कहानी आप ही ने लिखी है?

ढब्बूजी : बिलकुल!

सज्जन : आपसे मिलकर बड़ी खुशी हुई, प्रेमचंदजी। मैं तो सोच रहा था कि आप कब के स्वर्गवासी हो चुके हैं!

225 परहेज का मजा

ढब्बूजी का स्वास्थ्य ठीक नहीं रहता था। वे डॉक्टर के पास गए तो डॉक्टर कहने लगे,

‘अगर आप सचमुच नीरोग होना चाहते हैं तो आपको परहेज करना होगा। टमाटर का सूप, उबली हुई सब्जी, नारंगी का रस और एक सेब।’

‘खाने से पहले या खाने के बाद?’ ढब्बूजी ने खुश होकर पूछा।

226 डाकिए की डकार

ढब्बूजी के घर तक पहुँचते-पहुँचते डाकिया थककर चूर हो जाता था।

एक दिन ढब्बूजी से कहने लगा, ‘आपका खत देने के लिए मुझे पाँच मील पैदल आना पड़ता है।’

‘ऐसी बात है तो आप डाक से क्यों नहीं भेज देते!’ ढब्बूजी बोले।

227 खानदानी पहलवान

एक दिन मुन्ना एक छोटे बच्चे को अपने साथ घर ले आया। बच्चा रो रहा था।

मुन्ने ने कहा, ‘पिताजी, इस बच्चे के दादा का नाम गैंडासिंह है, बाप का नाम बाघसिंह और इसका अपना नाम है हाथी।’

‘ठीक है, पर यह रो क्यों रहा है?’ ढब्बूजी ने कहा।

‘इसे चूहे ने काट खाया!’

228 हाथी भगाओ

चंपक भाई : ढब्बूजी, रोजाना सवेरे उठकर आप अपने मकान के आसपास यह दवा क्यों छिड़कते हैं?

ढब्बूजी : हाथियों को भगाने के लिए।

चंपक भाई : पर यहाँ तो मीलों तक एक भी हाथी नहीं है!

ढब्बूजी : कहाँ से होगा! मैं दवा जो छिड़कता हूँ!

229 पागलपन की सीमा

श्रीमती ढब्बूजी : सच कहो न! अगर मैं मर गई तो क्या आप पागल हो जाएँगे?

ढब्बूजी : हाँ।

श्रीमती ढब्बूजी : झूठे कहीं के! मेरे मरने के बाद तो आप फौरन दूसरी शादी कर लेंगे।

ढब्बूजी : चिंता मत करो, मैं इतना पागल नहीं होनेवाला!

230 फटीचर बैठा पाँचतारा में

ढब्बूजी और चंदूलाल एक फाइव स्टार होटल में खाना खा रहे थे।

चंदूलाल बोला, 'ढब्बूजी, आप इतने आलीशान होटल में खाना खा रहे हैं। क्या उन लोगों को पता है जिन्होंने आपको ढेर सारा कर्ज दे रखा है?'

'अब उन बेचारों के पास इतने पैसे ही कहाँ हैं कि ऐसे महँगे होटल में आ सकें!' ढब्बूजी ने चंदूलाल को समझाते हुए कहा।

231 मुरगे का दिल

सज्जन : आपकी मुरगी मेरी कार के नीचे आकर मर गई। इस बात का मुझे दुःख है। यह लीजिए दस रुपए।

ढब्बूजी : दस रुपए से काम नहीं चलेगा, आपको बीस रुपए देने होंगे!

सज्जन : बीस क्यों?

ढब्बूजी : जब मेरे मुरगे को पता चलेगा कि उसकी मुरगी अब इस संसार में नहीं रही तो उसका भी हार्ट फेल हो जाएगा।

232 बिल की शक्ति

ढब्बूजी : डॉक्टर साहब! मुझे ऐसी दवा की जरूरत है, जिसको पीने से मुझमें अत्यधिक चुस्ती एवं जोश आ जाए, ताकि मैं बाँहें चढ़ाकर किसी पर टूट पड़ूँ।

डॉक्टर : तब तो आपको दवा की नहीं, मेरे बिल की जरूरत है।

233 आफत की रचना के बाद

'ढब्बूजी, कुछ दिनों के लिए आपको आराम की जरूरत है।' डॉक्टर ने कहा।

'नामुमकिन!' वे बोले।

'क्यों?'

'देखिए, भगवान् ने पहले सृष्टि बनाई और फिर थोड़ा आराम किया। भगवान् ने फिर पुरुष की रचना की और फिर थोड़ी देर आराम किया। उसके बाद भगवान् ने स्त्री की रचना की— और तब से न उनको ही चैन है, न मुझे आराम।'

234 आँसू भीगे खत

'क्या आज हमारी शादी की सालगिरह है?' ढब्बूजी ने अपनी श्रीमतीजी से पूछा।

'नहीं तो!'

'तो फिर आज हमदर्दी के ये सारे पत्र मेरे नाम क्यों आए?' ढब्बूजी ने पत्रों का पुलिंदा उछालते हुए कहा।

235 नाजुक हालत

ढब्बूजी अपने एक मित्र से कह रहे थे, 'देख तो यार, मेरी हालत तुम्हें कैसी लग रही है?'

ढब्बूजी का मित्र : 'बहुत बुरी—यूँ समझिए कि अगर आप इनसान के बजाय

इमारत होते तो म्यूनिसिपैलिटी आपको कब का गिरा चुकी होती!'

236 रजत जयंती के आसपास

'ढब्बूजी, आपकी शादी को पच्चीस साल हो चुके। क्या इन पच्चीस सालों में आपने कभी भी तलाक के बारे में सोचा है?'

'नहीं, कभी नहीं; पर हाँ, आत्महत्या के बारे में कई बार सोचा है।'

237 आगे बढ़ो

मुन्ना : पिताजी, दस पैसे दीजिए, कुल्फी खानी है।

ढब्बूजी : हैं! अभी दस मिनट पहले तो तुम्हें दस पैसे दिए थे!

मुन्ना : मैं यह पूछता हूँ, आप भूतकाल में जीना कब छोड़ेंगे?

238 वाह, भाई वाह

ढब्बूजी : अरे चंदूलाल, क्या पढ़ रहे हो?

चंदूलाल : आपका ही लिखा एक चुटकुला।

ढब्बूजी : तब यह लड़का क्यों पीछे खड़ा कर रखा है?

चंदूलाल : आपका चुटकुला पढ़कर हँसना चाहिए न, इसलिए मैं जब भी यह पुस्तक पढ़ता हूँ, यह लड़का पीछे खड़ा होकर मुझे गुदगुदी करता है।

239 फलवाले का टोटका

एक दिन ढब्बूजी ने बारह नारंगियाँ खरीदीं। घर पहुँचकर देखा

तो कम निकलीं। वे लौटकर फलवाले के पास पहुँचे।

ढब्बूजी बोले, 'श्रीमानजी, मैंने यहाँ से एक दर्जन नारंगियाँ खरीदी थीं। घर पहुँचा तो दो कम निकलीं। ऐसा क्यों?'

'हम अपने ग्राहकों की सेहत का पूरा खयाल रखते हैं।' फलवाले ने जवाब दिया।

'क्या मतलब?'

'उन बारह नारंगियों में से दो सड़ी हुई थीं, जो हमने चुनकर फेंक दीं।'

'धन्यवाद!' कहकर ढब्बूजी चल दिए।

240 मेरी बला से

एक दिन चंपक भाई ढब्बूजी से मिलने आए। बातों-बातों में ही कहने लगे, 'ढब्बूजी! सुना है, कल आपके और चंदूलालजी के बीच हाथापाई हो गई?'

ढब्बूजी ने कहा, 'हाँ! उसने मेरी बीवी को 'खूबसूरत बला' कहने की जुर्रत की! अब आप ही बताइए, क्या मेरी बीवी खूबसूरत है?'

241 कुंभकर्ण

मुन्ना खुली किताब पर ही सिर रखे सो रहा था। देखते ही ढब्बूजी चिल्लाए, 'मुन्ने! अभ्यास के दौरान तुम सो नहीं सकते।'

'यदि आप इतने जोर से न चिल्लाएँ तो मैं सो भी सकता हूँ!' मुन्ने ने कहा और फिर सो गया।

242 भगवान् को बचाओ

'चंपक भाई! लगता है, काफी दिनों से भगवान् की तबीयत खराब है!'

'हैं! यह आपको कैसे पता चला?'

'सिर्फ एक ही हफ्ते में उसने मोहल्ले के दो डॉक्टरों को अपने पास बुला लिया!'

243 तोता या तमाचा

चंपक भाई एक तोता लाए। ढब्बूजी उनसे मिलने गए तो तोते को देखकर पूछ बैठे, 'यह तोता क्यों ले आए?'

'ढब्बूजी, यह ऐसा-वैसा नहीं, एक चमत्कारी तोता है।' चंपक भाई ने बताया।

'वह कैसे?'

'अगर आप इसका दायाँ पैर खींचेंगे तो यह सत्तारूढ़ पार्टी पर गालियाँ बरसाएगा और अगर बायाँ खींचेंगे तो यह विरोधियों पर बरस पड़ेगा।'

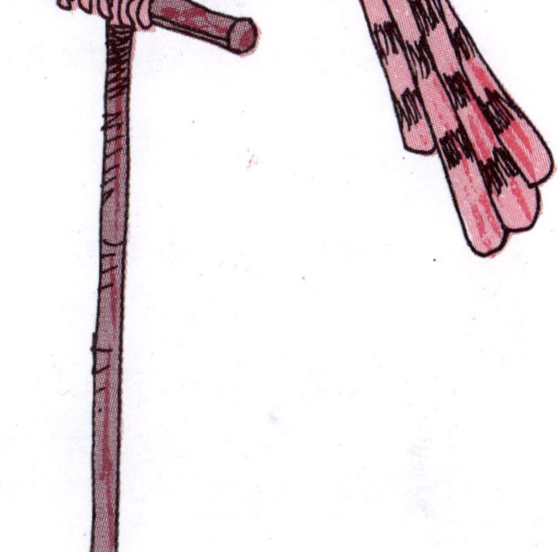

'और मैं इसके दोनों पैर खींच लूँ तो?' ढब्बूजी ने पूछा।

'उल्लू कहीं के! तेरी सातों पीढ़ियों की खबर ले डालूँगा!' जवाब तोते ने दिया।

244 अनपढ़

ढब्बूजी : वाह चंदूलाल! तुम तो कहते हो कि तुम पढ़े-लिखे नहीं! फिर भी तुमने मेरे सारे सवालों के जवाब बिलकुल ठीक दिए।

चंदूलाल : ढब्बूजी, तुम्हारे सवालों के जवाब देने के लिए पढ़े-लिखे होने की क्या जरूरत?

245 जो भी कहूँगा, सच कहूँगा

वायुसेना अधिकारी : ढब्बूजी, आप पैराशूट से कितनी बार कूदे?

ढब्बूजी : सिर्फ एक बार।

अधिकारी : पर आपकी रिपोर्ट तो कहती है कि अब तक आप बीस बार कूद चुके हैं!

ढब्बूजी : सच है, उन्नीस बार मुझे जबरन धकेला गया था।

246 समझौता

श्रीमती ढब्बूजी : हमारी शादी को पच्चीस साल हो गए, पर अब तक हमारे बीच कभी झगड़ा नहीं हुआ।

पड़ोसिन : सच?

श्रीमती ढब्बूजी : हाँ, जब भी मैं सही होती हूँ, वे अपने कान पकड़कर भूल स्वीकार कर लेते हैं।

पड़ोसिन : और जब वे सही होते हैं तब?

श्रीमती ढब्बूजी : ऐसा तो आज तक नहीं हुआ।

247 अर्थ-अनर्थ

ढब्बूजी : यह तो मैं भी बता सकता हूँ। समाजवाद का अर्थ होता है—अपने पड़ोसी के साथ बाँटकर खाओ।

नेताजी : बिलकुल गलत। समाजवाद का सही अर्थ यह होता है कि अपने पड़ोसी को बाँटने पर मजबूर करो।

248 शॉक

दोस्त : सुना है, तुम्हारे पिताजी पहले इलेक्ट्रीशियन थे?

मुन्ना : हाँ।

दोस्त : फिर वह धंधा क्यों छोड़ दिया?

मुन्ना : उन्हें एक जबरदस्त शॉक लगा।

दोस्त : कब?

मुन्ना : मेरे जन्म पर।

249 मैं नशे में हूँ

'नशे में तुम सचमुच समझदार लगते हो, ढब्बूजी!'

'पर'''मैंने तो नशा नहीं किया।'

'हाँ–हाँ, तुमने नहीं, मैंने किया है।'

250 सात अँधेरे दिन

ढब्बूजी : आज मैं पूरे एक हफ्ते के बाद जागा हूँ।

चंदूलाल : क्या आपने नींद की गोलियाँ खा ली थीं?

ढब्बूजी : नहीं, दरअसल, बात यह हुई कि जब भी नींद खुलती तो मुझे अँधेरा नजर आता, मैं रात समझकर फिर सो जाता और सोता चला गया?

चंदूलाल : अरे! ऐसा कैसे हो गया था।

ढब्बूजी : बस पूछो नहीं, पूरे हफ्ते के बाद पता चला कि मैं धूप का चश्मा पहनकर सो गया था।

251 पूरब और पश्चिम

ढब्बूजी शिकारी बाबू के साथ शेर का शिकार करने निकले। जंगल में एक जगह शिकारी बाबू को शेर के पंजों के निशान दिखाई दिए तो वे उछल पड़े, 'ढब्बूजी! शेर के पंजों के निशान!'

'वाह! अब आप देखिए कि शेर कहाँ गया है और मैं देखता हूँ कि वह कहाँ से आया था!' ढब्बूजी बोले।

252 यादगार के लिए

ढब्बूजी भागते हुए फोटोग्राफर की दुकान पर पहुँचे और हड़बड़ी में बोले, 'जल्दी करो, मेरी बीवी के पीछे पागल कुत्ता पड़ा हुआ है!'

'लेकिन करें क्या?' फोटोग्राफर ने पूछा।

'इस कैमरे में फिल्म भर दो!' ढब्बूजी ने जल्दी से कैमरा आगे बढ़ा दिया।

253 बात सोचने की है

मुन्ना : पिताजी, इन मुरगियों के पैर इतने छोटे क्यों होते हैं?

ढब्बूजी : बुद्धू कहीं का, इतना भी नहीं जानता! अगर मुरगी के पैर बड़े होते और वह अंडा देती तो अंडा जमीन पर गिरकर टूट नहीं जाता!

254 बीज हाथी के पेट में नहीं

ढब्बूजी एक गहरा गड्ढा खोद रहे थे। चंदूलाल उधर निकल आया और कहने लगा, 'अरे ढब्बूजी, यह गड्ढा किसलिए?'

'मैं फूलों का एक पौधा उगाना चाहता हूँ।'

'पर एक बीज के लिए इतना बड़ा गड्ढा!'

'दरअसल, बीज इस हाथी के पेट में है!' ढब्बूजी ने पास ही खड़े हाथी की ओर इशारा करते हुए कहा।

255 बाकी इनसान

एक अनपढ़ आदमी ढब्बूजी से चिट्ठी पढ़वाने आया। ढब्बूजी ने चिट्ठी पढ़ी और बोले, 'इस खत में लिखा है कि पिछली लड़ाई में तुम्हारे चाचा ने एक आँख, एक हाथ और एक पाँव खो दिया था।'

'हाँ-हाँ, तो?'

'अब तुम्हारे बाकी के चाचा भी इस संसार में नहीं रहे!' ढब्बूजी ने बताया।

256 इलाज

ढब्बूजी ने मकान मालिक से कहा, 'कल रात भर बारिश हुई और छत से पानी चूता रहा। मैं तो पूरा-का-पूरा नहा गया। क्या इस बारे में आप कुछ करेंगे?'

मकान मालिक बोला, 'हाँ, कल आपके लिए साबुन और तौलिया भी लेता आऊँगा।'

257 पुलिस की परेशानी

ढब्बूजी ने अपनी गाड़ी पेड़ से भिड़ा दी। एक बच्चा मरते-मरते बचा।

पुलिस का सिपाही आया और बोला, 'श्रीमानजी, आप जैसे अंधों को मोटर चलाने का लाइसेंस देना ही नहीं चाहिए।'

'आप ठीक कहते हैं, साहब! मेरे पास लाइसेंस है भी नहीं।'

258 टेढ़ा सवाल

'ढब्बूजी, अगर आपसे कोई यह सवाल पूछे कि क्या आज भी आप अपनी पत्नी को पीटेंगे? तो आप क्या जवाब देंगे? हाँ या नहीं?'

'हैं! अगर मैं 'नहीं' कहूँ तो यह सिद्ध हो जाएगा कि मैं रोज पत्नी को पीटता था और अगर मैं 'हाँ' कहूँ, तो घर पर मेरी ही पिटाई हो जाएगी। इसलिए मैं तो चुप ही रहूँगा।'

259 खाते में अंडा

ढब्बूजी की श्रीमतीजी ने एक दिन उन्हें बुरी तरह चौंका दिया। भविष्यवाणी के से स्वर में बोलीं, 'जिस बैंक में हमारा एकाउंट है, उसका बहुत ही जल्दी दीवाला निकलनेवाला है।'

'यह तुम्हें कैसे पता चला?' ढब्बूजी ने शंकित मन से पूछा।

'क्या बताऊँ! जब भी मैं बैंक से पैसे निकलवाने जाती हूँ, वे कहते हैं—खाते में कुछ भी नहीं है!' श्रीमतीजी ने कहा।

260 अक्ल का गूँगा

डॉक्टर : कहिए, आपको क्या तकलीफ है?

ढब्बूजी : यही जानने के लिए तो मैं आपको पैसे दे रहा हूँ! मैं क्यों बताऊँ?

डॉक्टर : कोई बात नहीं, मैं अपने एक मित्र डॉक्टर के नाम आपको पत्र दे देता हूँ।

वे पशु चिकित्सक हैं। मूक प्राणियों का इलाज वही करते हैं।

261 लुटिया डूब गई

ढब्बूजी : हाय! मैं तो फँस गया! उस दलाल के बच्चे ने मुझे एक ऐसा मकान बेचा है जो पानी में दस फीट डूबा रहता है। वहाँ एक नाव से जाना पड़ता है।

पोपटलाल : अरे! तो तुम्हें वह मकान फौरन ही लौटा देना चाहिए।

ढब्बूजी : लौटाने तो गया था, पर उसने मुझे वह नाव भी बेच दी।

262 ताजा खबर

ढब्बूजी : कहो मुन्ने, आज की ताजा खबर क्या है?

मुन्ना : सिर्फ यही कि जिस दरवाजे के सहारे आप खड़े हैं, उसका रोगन ताजा है और मम्मीजी बासी नहीं, ताजा नाश्ता करवा रही हैं।

263 अक्ल बड़ी या भैंस

चंदूलाल अपने सगे-संबंधियों से परेशान था। एक दिन वह ढब्बूजी के पास आया और कहने लगा, 'क्या बात है, ढब्बूजी! आपके रिश्तेदार आपको परेशान नहीं करते?'

ढब्बूजी ने कहा, 'इसका कारण है। मैं अपने धनवान् रिश्तेदारों से कर्ज माँगता हूँ,

इसलिए उन्होंने आना छोड़ दिया और वही रुपया मैं अपने गरीब रिश्तेदारों को कर्ज दे देता हूँ, इसलिए वे भी यहाँ आने से झिझकते हैं—और मैं चैन की नींद सोता हूँ।'

264 दो जवाब

ढब्बूजी हवाई जहाज में यात्रा कर रहे थे। वह किसी सज्जन से पूछ बैठे, 'यह हवाई जहाज कितना ऊँचा होगा?'

'कम-से-कम दो हजार फीट।' उन सज्जन ने कहा।

'और चौड़ा कितना होगा?' ढब्बूजी का यह दूसरा सवाल था।

265 बीवी बेकसूर है

ढब्बूजी की ऊबड़-खाबड़ मोटर देखकर उनका एक नव परिचित बोला, 'आपकी पत्नी को भी मोटर चलाने का शौक लगता है?'

ढब्बूजी बोले, 'नहीं जी, यह मोटर जब से खरीदी है, तभी से ऐसी हालत में है!'

266 छोटी सी भूल

दीवाली के मौके पर डाकिया, चौकीदार और सफाईवाला एक साथ ही ढब्बूजी के घर पहुँचे। ढब्बूजी की श्रीमतीजी से उन्हें पता चला कि ढब्बूजी घर पर नहीं हैं।

सफाईवाला : यह तो अजीब बात है कि ढब्बूजी आज के शुभ दिन ही मुंबई छोड़कर चले गए। मुन्ना, क्या तुम बता सकते हो कि वे कहाँ गए हैं?

मुन्ना : पिताजी गाँव का नाम बताना तो भूल ही गए! अच्छा ठहरो, मैं अभी उनसे पूछकर बताता हूँ।' और मुन्ना घर के भीतर चला गया।

267 नया-पुराना

चंदूलाल : ढब्बूजी, इन कठिन दिनों में भी आपका बटुआ भरा-का-भरा रहता है;

आखिर इसका राज क्या है?

ढब्बूजी : राज! मैं अपने पुराने कर्ज कभी नहीं चुकाता।

चंदूलाल : पर नए कर्जों का क्या होता है?

ढब्बूजी : उन्हें मैं पुराना होने देता हूँ।

268 गड्ढा दिमाग का

नौकर : साहब, आपने मुझे एक गड्ढा खोदने के लिए कहा था। फिर आपने उस गड्ढे को भर देने की आज्ञा दी थी। यह थोड़ी सी मिट्टी बची है। इसका क्या करूँ?

ढब्बूजी : दूसरा गड्ढा खोदकर उसमें डाल दो।

269 कौए की चाल

चलते-चलते रास्ते में ही ढब्बूजी की साइकिल पंक्चर हो गई। घसीटे लिये जा रहे थे कि एक ग्रामीण मिल गया। उससे बोले, 'भैया, क्या तुम बता सकते हो कि करीब का गाँव यहाँ से कितनी दूर होगा?'

'दस मील—कौए की उड़ान के!' ग्रामीण ने कहा।

'यदि कौआ उड़कर और मैं अपनी साइकिल कंधे पर रखकर जाऊँ, तब?' ढब्बूजी ने अगला सवाल किया।

270 हो गई सबकी छुट्टी

ढब्बूजी ने अपने यहाँ दावत दी। उन्होंने डॉक्टर साहब को भी न्योता दिया, पर वे नहीं आए। दूसरे दिन ढब्बूजी डॉक्टर साहब से मिले।

'कल आप मेरे यहाँ खाने पर नहीं आ सके, इसका मुझे अफसोस है।' ढब्बूजी ने कहा।

'इसमें अफसोस करने की जरूरत नहीं। कल आपके यहाँ खाने पर आए हुए दस मेहमानों के घर विजिट पर जा चुका हूँ। ग्यारहवें के यहाँ अभी जा रहा हूँ।' डॉक्टर साहब ने जवाब दिया।

271 दो दाँतों की दास्तान

पिछली रात ढब्बूजी मस्ती में अपने दोस्तों के साथ गप्पें लड़ाते रहे। दूसरे दिन मित्र लोग मिले तो उन्होंने पूछा, 'ढब्बूजी, कल रात आप देर से घर लौटे थे। भाभीजी ने कुछ कहा?'

ढब्बूजी ने जवाब दिया, 'खास कुछ नहीं! वैसे भी मैं अपने अगले दो दाँत उखड़वाने ही वाला था।'

272 धर्म और धंधा

ढब्बूजी एक महात्माजी के पास पहुँचे और उनके सामने हाथ जोड़कर बैठ गए। कहने लगे, 'महात्माजी, कोई उपदेश दीजिए कि मेरा जन्म सफल हो जाय।'

महात्माजी ने कहा, 'अगर तुम सचमुच ही अपने पाप धोना चाहते हो तो फौरन सभी का कर्जा चुका दो।'

ढब्बूजी नाराज हो बोले, 'महात्माजी! कृपया धर्म के मामले में धंधे को शामिल न कीजिए।'

273 उलटी-सीधी बात

ढब्बूजी बस स्टॉप पर खड़े एक पुस्तक पढ़ रहे थे। एक सज्जन बोले, 'क्या आप जानते हैं कि आपने पुस्तक उलटी पकड़ रखी है?'

ढब्बूजी बोले, 'जानता हूँ। जब से आप जैसे सज्जनों ने अपना सिर घुसाकर पढ़ने की कोशिश की है तब से मैंने इसे उलटा पढ़ना ही सीख लिया है!'

274 बेचारा

ढब्बूजी अदालत के कटघरे में खड़े थे।

सरकारी वकील उनपर दहाड़ा, 'ढब्बूजी, आप पर आरोप है कि आप अपनी पत्नी को बेसहारा छोड़कर भाग गए। आपको अपने बचाव में कुछ कहना है?'

ढब्बूजी ने उत्तर दिया, 'बचाव में! अगर मैं अपना बचाव कर सकता, तो घर से भागता ही क्यों?'

275 पृथ्वी का पसीना

मुन्ना और ढब्बूजी एक दिन सवेरे सैर को निकले। फूल-पत्तियों पर पड़ी ओस को देखकर ढब्बूजी ने पूछा, 'मुन्ने, क्या तुम बता सकते हो कि ओस कैसे पैदा होती है?'

मुन्ना बोला, 'हाँ, पिताजी। पृथ्वी का गोला सारा दिन घूमता रहता है न! उसे पसीना आने लगता है। इसीको हम ओस कहते हैं।'

276 राय

ढब्बूजी को पता चला कि उनकी एक परिचित युवती को नौकर की तलाश है। वे उससे मिले।

वह बोली, 'ढब्बूजी, मुझे तो ऐसा नौकर चाहिए, जो घर के सारे कामों में कुशल हो। अगर कभी-कभार मैं गुस्सा होकर दो-चार बातें कह दूँ या जूता मार दूँ तो वह खामोश ही रहे।'

ढब्बूजी ने उत्तर दिया, 'ऐसा नौकर तो तुम्हें शादी करने के बाद ही मिलेगा।'

277 कमजोर से काँय-काँय

दुकानदार : ढब्बूजी! अगर आप समय से बिल अदा नहीं कर सकते तो अपनी पत्नी को उधार लेने से रोकते क्यों नहीं?

ढब्बूजी : ओहो, आप समझे नहीं। उससे (बीवी से) उलझने के बजाय आपसे माथापच्ची करना आसान है।

278 पागल करार

मुन्ना : पिताजी, मैं अपने आपसे बात करूँ तो क्या लोग मुझे पागल समझेंगे?

ढब्बूजी : नहीं; पर हाँ, अगर तुम बात सुनोगे तो लोग जरूर पागल समझेंगे।

279 जीत का नुस्खा

चंदूलाल रुपयों से भरा सूटकेस उठाए कहीं जा रहा था। ढब्बूजी ने पूछा, 'अरे चंदूलाल, तुमने रेस में इतने सारे रुपए कैसे कमाए?'

'क्या मतलब!' चंदूलाल बोला।

'मैंने तो सुना है कि सभी लोग रेस में पहले दिन जीतते हैं तो दूसरे दिन बुरी तरह हारते हैं।'

'हाँ, सच है। इसीलिए तो हर रेस में मैं पहले दिन ही जाता हूँ।'

280 लाइलाज

साहब : आज तुम फिर देर से दफ्तर आए। जल्दी उठने के लिए क्या तुमने अलार्म नहीं लगाया था?

ढब्बूजी : लगाया था, साहब! पर मेरे जागने से पहले ही वह बजकर बंद हो गया!

281 सस्ता सौदा

'वकील साहब! मैं अपनी पत्नी से तलाक लेना चाहता हूँ। कहिए, आपकी फीस क्या होगी?'

'सिर्फ पाँच सौ रुपए, ढब्बूजी!'

'लेकिन शादी तो मैंने सिर्फ पच्चीस रुपए में की थी!'

'सच! ढब्बूजी, सस्ते दामों में सौदा करने का परिणाम भी आपके सामने आ गया है! पर आपकी आदत··· ?' वकील ने समझाते हुए कहा।

282 सिर खाने का तरीका

ढब्बूजी : अरे मुन्ने! तुम्हारे माथे पर यह चोट कैसे लगी?

मुन्ना : चोट नहीं है। मैंने अपना माथा काट खाया।

ढब्बूजी : पर तुम अपना माथा कैसे खा सकते हो?

मुन्ना : कुरसी पर चढ़कर।

283 अंधे की आँख

एक भिखारी सड़क के किनारे खड़ा भीख माँग रहा था। ढब्बूजी पास से गुजरे तो वह पुकार उठा, 'अरे ओ काली पोशाकवाले साहब!'

'क्या है?' ढब्बूजी बोले।

'इस अंधे को कुछ देते जाओ!' भिखारी ने कहा और अपनी हथेली ढब्बूजी के सामने फैला दी।

284 पिटाई मुन्ने की

ढब्बूजी : अरे-अरे! मुन्ने को क्यों पीट रहे हो?

श्रीमतीजी : पीटूँ नहीं तो और क्या करूँ! एक तो इसने मेरे सितार का तार तोड़ डाला और उसपर बताता भी नहीं कि कौन सा तार तोड़ डाला है!

285 पैसा फेंको, तमाशा देखो

ढब्बूजी : मुन्ने! मैं तुम्हें बीस रुपए देता हूँ। मम्मी तुम्हें सात रुपए देती है। नानी से तुम्हें तीन रुपए मिलते हैं, तो तुम्हारे पास क्या होगा?

मुन्ना : क्रिकेट टेस्ट का सीजन टिकट।

286 नामुमकिन

ढब्बूजी और चंदूलाल एक रेस्तराँ में खाना खा रहे थे कि ढब्बूजी बोले, 'चंदूलाल, लोग भले ही मुझे ढब्बूजी कहें, पर इस दुनिया में ऐसा कोई काम नहीं, जो मुझसे नहीं हो सकता।'

'एक है।' चंदूलाल बोला।

'कौन सा?'

'आज के खाने का बिल तुम चुका सकते हो?' चंदूलाल ने पूछा।

287 शेर-बकरी का खेल

ढब्बूजी एक प्रदर्शनी देखने गए। वहाँ एक पिंजरे में शेर और बकरी एक साथ दिखाई दिए। पिंजरे पर तख्ती लगी थी—'सह अस्तित्व'।

ढब्बूजी संयोजक से बोले, 'वाह भई वाह! शेर और बकरी एक ही पिंजरे में! ऐसा अनोखा प्रयोग संसार भर में कहीं नहीं हुआ।'

संयोजक बोला, 'कहाँ से होगा! इस प्रयोग को चलाने के लिए हमें हर एक घंटे के बाद नई बकरी पिंजरे में डालनी पड़ती है।'

288 महापुरुष

ढब्बूजी : (एक परिचित से) अरे साहब! मैंने तो उस कॉलेज में पढ़ाई की है, जिससे बड़े-बड़े महापुरुष निकले हैं।

परिचित : आपने किस साल डिग्री ली?

ढब्बूजी : जी...मुझे डिग्री नहीं मिली...मैं ही निकाला गया था।

289 राम नाम सत्य है

ढब्बूजी : आपके पति आज रेस में आए थे।

पड़ोसिन : शायद वे भूल गए होंगे कि उनकी किस्मत फूटी हुई है।

ढब्बूजी : वैसी बात नहीं, वे पाँच लाख का जैकपॉट जीत गए।

पड़ोसिन : सच?

ढब्बूजी : हाँ; पर जोश में आकर उन्होंने वे पाँच लाख रुपए भी एक घोड़े पर लगा दिए और हार गए।

पड़ोसिन : तब तो उनका हार्ट फेल हो गया होगा।

ढब्बूजी : जी, यही खबर सुनाने की जिम्मेदारी दोस्तों ने मुझे सौंपी थी।

290 बाल कटवाने की शर्त

योगिराज के सिर के बाल और दाढ़ी पैरों तक पहुँचती थी। ढब्बूजी ने विनती की तो वे बोले, 'मैं बाल कटवाने को तैयार हूँ। पर मेरी एक शर्त है।'

'कहिए, योगिराज!'

'कपड़े खरीदने के लिए आपको मुझे दो सौ रुपए देने होंगे।'

291 खोया सो पाया

ढब्बूजी सपरिवार मेला देखने गए।

श्रीमती ढब्बूजी बोलीं, 'मुन्ने की अँगुली पकड़े रहो, कहीं खो न जाए।'

ढब्बूजी बोले, 'चिंता न करो। कोलंबस खो गया तो उसने अमेरिका की खोज कर डाली। हमारा मुन्ना खो जाएगा तो वह भी किसी-न-किसी देश का उद्धार ही करेगा।'

292 चिंता की बात नहीं

मुन्ना : पिताजी, यदि मैं आज भी स्कूल में फीस नहीं ले जाऊँगा तो मास्टरजी मुझे धूप में खड़ा करेंगे।

ढब्बूजी : तो इसमें परेशान होने की क्या बात है? मेरा छाता अपने साथ लेता जा।

293 लंगूर का भाई

ढब्बूजी और चंदूलाल चिड़िया-घर देखने गए। एक पिंजरे में लंगूर बंद देखकर ढब्बूजी बोले, 'चंदूलाल, यह है लंगूर। युगांडा का रहनेवाला।'

'हे भगवान्! अब क्या होगा?' चंदूलाल बोल उठा।

'क्यों?'

'मेरी बहन युगांडा के रहनेवाले से ही शादी करने वाली है।'

294 आम रास्ता नहीं है

एक दिन एक बेहद मोटी औरत ढब्बूजी के पास आकर बोली, 'डॉक्टर साहब, बताइए, मुझमें क्या खराबी है?'

ढब्बूजी ने कहा, 'एक हो तो कोई बताए भी! फिर भी कुछ बता ही देता हूँ...एक तो आप बहुत मोटी हैं, दूसरे, लिपस्टिक और पाउडर इतना लगाती हैं कि पपड़ियाँ जम जाती हैं। तीसरे, ठीक से दाँत साफ नहीं करतीं। मुँह से बदबू आ रही है। चौथे, मैं डॉक्टर नहीं, ढब्बूजी हूँ। डॉक्टर हमारे बगलवाले फ्लैट में रहते हैं।'

295 अर्थ की अरथी

श्रीमती ढब्बूजी : क्या आप बता सकते हैं कि अभिमान और अहंकार में क्या फर्क होता है?

ढब्बूजी : जरूर। अभिमान का अर्थ है—'तुम मुझे क्या समझती हो!' और अहंकार का—'मैं तुम्हें कुछ भी नहीं समझता।'

296 जमाना बदल गया है

ढब्बूजी : क्यों मुन्ने, स्कूल में कैसी पढ़ाई चल रही है?

मुन्ना : ऐसा सवाल मत पूछिए, पिताजी।

ढब्बूजी : क्यों? क्या हुआ?

मुन्ना : क्या मैं कभी आपसे भी पूछता हूँ कि आपके ऑफिस में क्या चल रहा है!

297 टोटका

ढब्बूजी : चंदूलाल, तुम्हारे गले का रोग तभी ठीक हो सकता है जब तुम रोजाना तीन फिल्में देखो।

चंदूलाल : हैं! सो कैसे?

ढब्बूजी : सिनेमा घर में बीड़ी-सिगरेट पीने की मनाही होती है न!

298 इंटरव्यू

रसगुल्ले बनानेवाली एक प्रसिद्ध कंपनी का प्रतिनिधि ढब्बूजी के पास पहुँचा और बोला, 'हमें पता चला है कि पिछले दस साल से आप हमारी कंपनी के बनाए रसगुल्ले नियमित रूप से खा रहे हैं। इसीलिए हम आपका इंटरव्यू लेना चाहते हैं। क्या आप कल सवेरे दस बजे का वक्त दे सकते हैं?'

ढब्बूजी ने जवाब दिया, 'जी नहीं। क्योंकि सवेरे एक रसगुल्ला खाने के बाद मैं दोपहर के बारह बजे तक खाँसता रहता हूँ।'

299 न टूटनेवाली मुसीबत

ढब्बूजी की श्रीमतीजी किचन से ही बोलीं, 'सुनते हो! मुन्ने को आपने वह न टूटनेवाला खिलौना दिया था न!'

ढब्बूजी : क्या उसे भी उसने तोड़ डाला?

श्रीमतीजी : जी नहीं, वह तो सलामत है, पर बाकी सारे खिलौने उसने उसी से ठोक-ठोककर तोड़ डाले!

300 पहचान

एक रोज पड़ोसी ने आकर शिकायत की, 'ढब्बूजी! आपके मुन्ने ने मुझपर पत्थर फेंके।'

'आपको चोट तो नहीं आई? ढब्बूजी ने पूछा।

'नहीं।'

'तब वह हमारा मुन्ना नहीं था।'

301 तरीका

सेना अधिकारी : हाँ, तो आप कितना वजन उठा सकते हैं?

ढब्बूजी : पचास किलो।

सेना अधिकारी : मान लीजिए, सौ किलो वजन का एक आदमी डूब रहा है, तो आप उसे कैसे बचाएँगे?

ढब्बूजी : मैं दो फेरे लगाऊँगा।

302 विशेषज्ञ

ढब्बूजी एक बार एक जार में दो मछलियाँ लाकर मुन्ने से बोले, 'क्या तुम बता सकते हो कि इन दो मछलियों में कौन नर है और कौन मादा?'

मुन्ना बोला, 'जरूर। इसमें थोड़े से कीड़े डाल दीजिए। जो मछली नर होगी, वह नर कीड़े खाएगी और जो मछली मादा होगी, वह मादा कीड़े खाएगी।'

'पर तुम्हें यह कैसे पता चलेगा कि कौन सा कीड़ा नर है और कौन सा मादा?'

'देखिए पिताजी, मैं मछलियों का विशेषज्ञ हूँ, कीड़ों का नहीं।' मुन्ने ने कहा।

303 तलाशी का परिणाम

ढब्बूजी : (चंदूलाल से) कल रात मेरी पत्नी ने फिर एक बार मेरी जेबों की तलाशी ली।

चंदूलाल : उसे कुछ मिला भी?

ढब्बूजी : हाँ, तीन घंटे तक गाली देने के लिए मसाला।

304 डॉक्टर ढब्बूजी का

'क्यों ढब्बूजी! तीन महीने से विस्तर पर लेटे हो, अब तो फायदा हुआ ही होगा?' चंदूलाल बोला।

'अभी नहीं। डॉक्टर के दो बिल अभी बाकी हैं।' ढब्बूजी ने कहा।

305 अँधेरे में उजाला

ढब्बूजी : (एक व्यक्ति से) भाई साहब, जरा यह पता तो पढ़कर बताइए।

व्यक्ति : क्षमा कीजिए, मैं सिर्फ अँधेरे में ही पढ़ पाता हूँ।

ढब्बूजी : वह क्यों?

व्यक्ति : मेरी पढ़ाई नाइट स्कूल में हुई है।

306 जबान को लिटा दो

डॉक्टर : पूरी तरह जाँच करने के बाद मुझे लगता है, आपको आराम की सख्त जरूरत है।

श्रीमती ढब्बूजी : यह कैसे हो सकता है, डॉक्टर साहब! मुझे आराम की नहीं, इलाज की जरूरत है। यह देखिए मेरी जबान।

डॉक्टर : उसे भी आराम की जरूरत है।

307 सयाना मुन्ना

ढब्बूजी : (एक मित्र से) हमारा मुन्ना बड़ा सयाना हो गया है। अब वह वही करता है, जो हम कहते हैं।

मित्र : क्या कहते हैं आप?

ढब्बूजी : हम वही काम मुन्ने को बताते हैं, जो वह करना चाहता है।

308 मलाई

ढब्बूजी : चंदूलाल, तुम्हारे घर की चाय पीकर मजा आ गया!

चंदूलाल : सच! अगर बिल्ली दूध में से मलाई न चाट गई होती तो और भी मजा आता।

309 सारे नहीं, आधे सही

ढब्बूजी : बाल कटवाने हैं।

नाई : पूरा एक रुपया लगेगा।

ढब्बूजी : मेरे पास तो सिर्फ पचहत्तर पैसे हैं।

नाई : जब सौ हो जाएँ तो मेरे पास आना। रास्ता नापो।

ढब्बूजी : अरे! गुस्सा क्यों करते हो? थोड़े बाल कम काट देना।

310 अपने-अपने राज

ढब्बूजी एक 'ए' ग्रेड रेस्तराँ में गए तो एक बात उन्हें बड़ी अजीब लगी। वेटर से बोले, 'क्या कारण है कि यहाँ के गरीब ग्राहक वेटरों को तगड़ी टिप देते हैं और अमीर लोग कम?'

वेटर ने जवाब दिया, 'शायद इसलिए कि गरीब लोग नहीं चाहते कि लोगों को पता चले कि वे गरीब हैं और अमीर लोग नहीं चाहते कि आयकरवालों को पता चले कि वे अमीर हैं।'

311 लाखों में एक

ढब्बूजी और मुन्ना घड़ियों की दुकान पर पहुँचे। मुन्ने ने दुकानदार से कहा, 'क्या आपके पास कोई ऐसी अलार्म घड़ी है, जो पिताजी को ठीक समय पर जगा दे और परिवार की नींद खराब न करे?'

'जी नहीं! हमारे पास तो वही पुराने किस्म की अलार्म घड़ियाँ हैं, जो आपके सारे परिवार को जगा देंगी, पर आपके पिताजी की नींद खराब नहीं होगी।' दुकानदार बोला।

312 लड्डू का मजा

खाने की मेज पर थाली में हथौड़ी रखी हुई थी। चौंककर ढब्बूजी बोले, 'हैं! यह क्या? हमारी थाली में हथौड़ी!'

'जी, आज मम्मी ने लड्डू बनाए हैं।' मुन्ना बोला।

313 इतिहास का चक्कर

ढब्बूजी : मास्टरजी, हमारा मुन्ना इतिहास में कैसा है?

मास्टरजी : अपने वक्त में आपका इतिहास कैसा था?

ढब्बूजी : बहुत ही कमजोर।

मास्टरजी : तब समझ लीजिए, इतिहास अपने को दोहरा रहा है।

314 छोटा-बड़ा लड़का

ढब्बूजी : तुम वही लड़के हो, जो एक महीना पहले मेरे पास नौकरी के लिए आया था?

लड़का : जी।

ढब्बूजी : लेकिन मैंने तो तुमसे कह दिया था कि मुझे बड़ी उम्र के लड़के की जरूरत है।

लड़का : यह भी सच है। अब मैं एक महीना बड़ा हो गया हूँ।

315 चेहरा चंगेजखान का

महिला : ढब्बूजी, क्या आप अपना एक फोटो मुझे दे सकते हैं?

ढब्बूजी : एक क्या, दस ले लीजिए। लेकिन आप फोटो को कहाँ रखेंगी?

महिला : पर्स में, ताकि जरूरत पड़ने पर उसे फौरन निकालकर अपने बच्चों को डरा सकूँ!

316 चीनी का पता

ढब्बूजी : (किचन में) अरे, चीनी कहाँ है?

श्रीमती : (दूसरे कमरे से) तुम्हें चीनी तक नहीं मिलती! सामने अलमारी में घी का डिब्बा रखा है। अरे वही, जिस पर रसगुल्ले का लेबल लगा है, उसी में चीनी है!

317 पावरकट

मुन्ना : पापा, कल मैंने रात के डेढ़ बजे तक पढ़ाई की।

ढब्बूजी : शाबाश बेटे! लेकिन···रात के ग्यारह बजे के बाद तो सारे मोहल्ले की लाइट चली गई थी।

मुन्ना : सच! मैं तो पढ़ने में इतना मगन था कि मुझे पता तक नहीं चला!

318 गरीबी हटाओ

ढब्बूजी और मुन्ना घर की बालकनी में खड़े थे। नीचे मैदान में लड़के फुटबॉल खेल रहे थे। एकाएक मुन्ना बोला, 'पिताजी, हमारा देश बहुत गरीब है।'

'यह तुम्हें कैसे पता चला?' ढब्बूजी ने पूछा।

'देखिए न पिताजी, यहाँ सिर्फ एक गेंद से इतने सारे खिलाड़ियों को खेलना पड़ता है!'

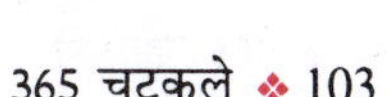

319 घाटे का सौदा

ढब्बूजी की दाढ़ी काफी बढ़ गई थी तो एक सज्जन ने पूछा, 'ढब्बूजी, यह क्या? आपने दाढ़ी बढ़ा ली!'

ढब्बूजी बोले, 'क्या बताऊँ! जेब कटने से पचास रुपए का घाटा हो गया है। एक साल दाढ़ी नहीं बनाऊँगा तो यह नुकसान पूरा हो जाएगा।'

320 मेरी प्यारी मुरगी

ढब्बूजी : डॉक्टर साहब, कई सालों से मेरी पत्नी यह सोच रही है कि वह मुरगी है।

डॉक्टर : मैं तुम्हारी बात समझ गया हूँ; पर इससे पहले तुम क्यों नहीं आए?

ढब्बूजी : हमें अंडों की जरूरत थी।

321 माथापच्ची

ढब्बूजी : मुन्ने, कुछ समझे? न्यूटन ने सेब को गिरते हुए देखा और पृथ्वी की आकर्षण शक्ति का पता लगा लिया।

मुन्ना : बिलकुल सच! लेकिन यह खोज उसने बगीचे में की थी। मेरी तरह स्कूल

के अंदर बैठकर वह किताबों से माथापच्ची करता रहता तो यह खोज जिंदगी भर न कर पाता!

322 चींटियों की पिकनिक

ढब्बूजी : मुन्ने, इन चींटियों से कुछ सीखो। ये हमेशा काम में लगी रहती हैं, खेलती बिलकुल नहीं हैं।

मुन्ना : पर पिताजी, मैं पिकनिक पर जाता हूँ तो ये वहाँ भी मौजूद होती हैं।

323 तबला और अबला

चंदूलाल : ढब्बूजी, आप बता सकते हैं कि इस संसार में ऐसी कौन सी चीज है जो मारने से जिंदा रहे और न मारने से मर जाए?

ढब्बूजी : संगीत में तबला और संसार में अबला।

324 नामचीन

पोपटलाल ईरानी रेस्तराँ में बैठा चाय पी रहा था। तभी ढब्बूजी भी वहाँ आ पहुँचे। पोपटलाल ने उन्हें अपने पास ही बुला लिया। चाय आई तो पोपटलाल कहने लगे, 'ढब्बूजी! हाल ही में छपी एक पुस्तक में मैंने आपका नाम पढ़ा था।'

'अच्छा! कौन सी पुस्तक थी वह?' ढब्बूजी ने उत्साहित होकर पूछा।

'टेलीफोन डायरेक्टरी!' पोपटलाल ने कहा।

325 शर्त सूरत की

नौकर : सेठजी, कुछ दिनों के लिए छुट्टी चाहिए।

ढब्बूजी : क्यों?

नौकर : शादी करने के लिए गाँव जा रहा हूँ।

ढब्बूजी : कितने दिन की छुट्टी चाहिए?

नौकर : यह तो बहू का चेहरा देखने के बाद ही बता पाऊँगा।

326 उल्लू बनाने का आसान तरीका

पुस्तक का शीर्षक था—'पत्नी को उल्लू बनाने के सौ तरीके'। दुकानदार बड़े इसरार से श्रीमती ढब्बूजी से कहने लगा, 'खरीद लो, बहन, बहुत उपयोगी पुस्तक है।'

'लेकिन यह पुस्तक मेरे किस काम की?' श्रीमती ढब्बूजी ने कहा।

'इसकी एक प्रति अभी-अभी आपके पतिदेव ने खरीदी है!'

327 इनाम में पंक्चर

ढब्बूजी बहुत दुःखी थे। उन्हें समझ नहीं आ रहा था, क्या करें। आखिर बोल ही उठे, 'मुन्ने! मैंने तुमसे वादा किया था कि अगर तुम इम्तिहान में सफल हुए तो तुम्हें एक साइकिल खरीदकर दूँगा। फिर भी तुम बुरी तरह नाकाम रहे। क्यों?'

मुन्ने ने चहककर कहा, 'पिताजी! मैं साइकिल चलाना सीख रहा हूँ!'

328 5 – 2 = 5

ढब्बूजी : मुन्ने, अगर तुम्हारे हाथ में पाँच रसगुल्ले हों और उनमें से दो मैं उठा लूँ तो तुम्हारे पास कितने बचेंगे?

मुन्ना : पाँच।

ढब्बूजी : वह कैसे?

मुन्ना : मैं उठाने दूँगा, तब न!

329 सिलसिला शादी का

ज्योतिषी : आपके हाथ की रेखाएँ बताती हैं कि आप शादीशुदा हैं।

ढब्बूजी : बिलकुल सच!

ज्योतिषी : इतना ही नहीं, आपकी रेखाएँ यह भी बताती हैं कि आपके पिताजी भी शादीशुदा थे।

330 दूसरा नरक

ढब्बूजी : हमारे पड़ोसी चंदूलाल ने नरक पर यह पुस्तक लिख डाली है।

श्रीमतीजी : समझ में नहीं आता, नरक के बारे में इतनी सारी जानकारी उसे कैसे मिली!

ढब्बूजी : क्यों?

श्रीमतीजी : अब तक उसकी शादी जो नहीं हुई।

331 बेटे का मुँह काला

मुन्ने के चेहरे को कालिख से पुता हुआ देखकर ढब्बूजी चौंके और पूछने लगे, 'अरे मुन्ने, यह क्या?'

मुन्ना बोला, 'क्यों? आप ही ने तो कहा था कि जा, अपना मुँह काला कर।'

332 आ बैल, मुझे मार

ढब्बूजी एक रेस्तराँ में पहुँचे और वेटर से बोले, 'इससे पहले कि आफत टूट पड़े, तुम सबसे अच्छा खाना मेरे सामने रख दो।'

वेटर खाना ले आया। ढब्बूजी खाने पर टूट पड़े।

वेटर बोला, 'पर हुजूर, आपने यह तो बताया ही नहीं कि आफत किस प्रकार की है?'

खाना खत्म करते हुए ढब्बूजी ने कहा, 'जी···इस वक्त मेरी जेब में एक कानी कौड़ी भी नहीं है।'

333 सयानी माँ

श्रीमतीजी : आपकी माँ ने मेरा घोर अपमान किया है।

ढब्बूजी : वह कैसे?

श्रीमतीजी : यह पत्र देखो। यह उन्होंने आपके नाम लिखा है। मैंने फाड़कर पढ़ा तो···

ढब्बूजी : तो?

श्रीमतीजी : अंत में लिखा है—कृपया यह पत्र अपने पति को देना न भूलना।

334 चालाक बाप

ढब्बूजी : हाँ तो मुन्ने, एक और एक दो होते हैं, दो और दो चार होते हैं तो दस और दस कितने होंगे?

मुन्ना : आप बड़े सयाने हैं, पिताजी! आसान-आसान सवालों के जवाब खुद दे दिए और मुश्किल सवाल मेरे लिए छोड़ दिया!

335 सट्टा बाजार

ढब्बूजी : अगर मेरा नौकर तुम्हारे तबेले में दूध लेने आए तो क्या भाव लगाओगे?

भैयाजी : दो रुपए लीटर।

ढब्बूजी : ठीक है। पर दूध अच्छा देना।

भैयाजी : तो फिर तीन रुपए लीटर का भाव होगा।

ढब्बूजी : कोई बात नहीं। दूध नौकर अपने सामने दुहाकर लेगा।

भैयाजी : तब तो आपको चार रुपए लीटर का भाव देना पड़ेगा।

336 गाना सिखाओ, पड़ोसी भगाओ

मोहल्ले के लोग परेशान थे। श्रीमतीजी दिन-रात चीख-चीखकर गाती रहती थीं। आखिर एक दिन एक साहब हिम्मत करके ढब्बूजी के पास पहुँचे और कहने लगे, 'ढब्बूजी, आपकी श्रीमतीजी दिन-रात ऐसे क्यों गाती रहती हैं? क्या किसी परीक्षा में बैठने वाली हैं?'

ढब्बूजी ने कहा, 'जी नहीं, दरअसल, बात यह है कि मैं अपने पड़ोसी का फ्लैट खरीदना चाहता हूँ।'

337 अज्ञान की बात

एक दिन ढब्बूजी मुन्ने के सामान्य ज्ञान का टेस्ट लेने लगे। बहुत से सवाल उन्होंने पूछे। मुन्ना जवाब देता रहा।

आखिर में ढब्बूजी ने कहा, 'अच्छा मुन्ने, अब यह बताओ कि भारत की राजधानी कौन सी है?'

मुन्ना बोला, 'बड़े शर्म की बात है, पिताजी! आप इतना भी नहीं जानते!'

338 अंतहीन का अंत

ढब्बूजी फिल्म देखकर निकले तो एक आदमी ने उन्हें पकड़ लिया। बोला, 'आपने जो फिल्म देखी, मैं उसका लेखक हूँ। कहिए, कैसी लगी?'

'अंत मजेदार था।'

'कैसे?'

'देखते-देखते जब दर्शक बोर हो जाते हैं कि कभी इसका अंत आएगा भी या नहीं—वहीं अंत आया है।'

339 भुलक्कड़

एक साहब : हमारे प्रोफेसर साहब की मृत्यु कैसे हुई?

ढब्बूजी : तुम तो जानते हो, वे अव्वल दरजे के भुलक्कड़ थे।

वही साहब : तो?

ढब्बूजी : वे साँस लेना ही भूल गए।

340 सच्ची बात

श्रीमती ढब्बूजी कई दिनों से देख रही थीं कि ढब्बूजी घर से ही नहीं निकलते। आखिर उनसे नहीं रहा गया तो पूछ बैठीं, 'अब आप पोपटलाल के साथ ताश क्यों नहीं खेलते?'

'क्या तुम किसी बेईमान के साथ ताश खेलना पसंद करोगी?'

'हरगिज नहीं।' वह बोली।

'वह भी पसंद नहीं करता।'

341 उबला हुआ अंडा

'अरे मुन्ने! यह क्या कर रहे हो?'

'मुरगी को उबला हुआ पानी पिला रहा हूँ।'

'क्यों?'

'आज उबला हुआ अंडा खाने को जी चाह रहा है।'

342 दान के काबिल नहीं

एक हट्टा-कट्टा आदमी ढब्बूजी के पास आकर बोला, 'मैं आपका नया पड़ोसी हूँ। क्या आप मुझे चूहेदान दे सकेंगे?'

ढब्बूजी बोले, 'मैं हट्टे-कट्टे लोगों को दान नहीं देता।'

343 बीवी या जासूस

ढब्बूजी : साहब, थोड़ी सी तनख्वाह बढ़ा दीजिए।

साहब : लेकिन अभी पिछले महीने ही तो पच्चीस रुपए बढ़ाए हैं।

ढब्बूजी : हाँ, वह तो ठीक है, पर उसका पता बीवी को चल गया है।

344 शिकारी का बेटा

मुन्ना : मेरे पिताजी बहुत बड़े शिकारी हैं। जम्मू के जंगलों में उन्होंने बेहिसाब शेर

मारे हैं।

दोस्त : पर हमारी भूगोल की किताब में तो लिखा है कि जम्मू के जंगलों में शेर हैं ही नहीं!

मुन्ना : होंगे भी कहाँ से! पिताजी के मारे एक भी बचा हो, तब न!

345 एक साल बाद

नौकरी के सिलसिले में ढब्बूजी एक दफ्तर में पहुँचे। फर्म का मालिक बोला, 'हाँ तो, ढब्बूजी! आपकी तनख्वाह होगी पाँच सौ रुपए माहवार और अगले साल सात सौ रुपए हो जाएगी।'

'तब तो मैं अगले साल ही आऊँगा।' कहते हुए ढब्बूजी वापसी के लिए मुड़ गए।

346 पति सभी एक से

ढब्बूजी की श्रीमतीजी अखबार पढ़ रही थीं। एक खबर पढ़कर वे उछल पड़ीं। ढब्बूजी को अखबार दिखाती हुई बोलीं, 'लो! यह खबर भी पढ़ लो। क्रिकेट के सीजन टिकट ब्लैक में खरीदने के लिए एक विदेशी ने अपनी पत्नी को बेच दिया।'

'अच्छा!'

'प्रिये! क्रिकेट का शौक तुम्हें भी है। पर टिकट के लिए तुम ऐसा कभी नहीं कर सकते, यह मैं दावे के साथ कह सकती हूँ।'

ढब्बूजी ने कहा, 'बिलकुल सच! ऐसा करना सरासर जुल्म है, पाप है। मैं तो सोच भी नहीं सकता···और वैसे भी टेस्ट मैच आधा बीत चुका है।'

347 घर में तालाब

प्लंबर देर से पहुँचा और आते ही कहने लगा, 'क्षमा करना, श्रीमानजी, आने में जरा सी देर हो गई।'

'चिंता की कोई बात नहीं, प्लंबर साहब! अब तक मुन्ने ने तैरना सीख लिया है।' ढब्बूजी बोले।

348 सूझ-बूझ

चंदूलाल : आदमी अगर अपनी थोड़ी सी सूझ-बूझ का इस्तेमाल करे तो वह तलाक

से बच सकता है।

ढब्बूजी : पर उसमें थोड़ी सी सूझ-बूझ हो तो वह शादी से भी बच सकता है।

349 नाई की हजामत

ढब्बूजी नाई से हजामत बनवाने गए। नाई के उस्तरे से उनका चेहरा कई जगह से कट गया। हजामत के बाद ढब्बूजी नाई से बोले, 'आपके पास दूसरा उस्तरा होगा?'

'क्यों?'

'मैं बदला लेना चाहता हूँ!'

350 बीवी की अक्लमंदी

ढब्बूजी हैरान थे। पत्नी से बोले, 'क्या बात है, मुन्ने की माँ? आजकल तो तुम हर कमरे के बिस्तर की चादर रोजाना बदलती हो!'

मुन्ना सुन रहा था। बोल उठा, 'हाँ, पर एक कमरे से दूसरे कमरे में।'

351 दो बुद्धू

ढब्बूजी : क्या कर रहे हो, मुन्ने?

मुन्ना : अपने दोस्त लल्लू टमाटर को खत लिख रहा हूँ।

ढब्बूजी : लेकिन तुम्हें तो लिखना नहीं आता!

मुन्ना : ठीक है, पर उसे भी तो पढ़ना नहीं आता!

352 आँगन में शिकार

ढब्बूजी की टाँग पर प्लास्टर चढ़ा देखकर एक परिचित ने पूछा, 'ढब्बूजी, आपकी यह हालत कैसे हुई?'

'मैं खरगोश का शिकार करने गया था।' ढब्बूजी ने कहा।

'क्या खरगोश इतना खतरनाक होता है?'

'जी नहीं, पर खरगोश का मालिक सचमुच जालिम था।'

353 नया जन्म

एक दिन ढब्बूजी के एक सहकर्मी ने उनसे पूछा, 'ढब्बूजी, क्या आपको इस बात पर

विश्वास है कि आदमी मृत्यु के बाद फिर से जन्म लेता है?'

'बिलकुल है।' ढब्बूजी बोले।

'तब तो कोई बात नहीं।'

'वैसे कल अपनी पत्नी का देहांत हो जाने के कारण आपने दफ्तर से छुट्टी ली थी और आपकी पत्नी आपको ढूँढ़ती हुई यहाँ आई थीं।' उसने बताया।

354 तोड़-फोड़

मुन्ना : पिताजी, आज मैंने स्कूल में इतना बढ़िया खेल खेला कि रिकॉर्ड तोड़ दिया।

ढब्बूजी : और तू करेगा भी क्या! घर में शीशा तोड़ दिया और स्कूल में रिकॉर्ड!

355 मरम्मत

ढब्बूजी : (घड़ियों के दुकानदार से) इस घड़ी की कीमत सिर्फ तीस रुपए! इसमें आप क्या कमाते होंगे?

दुकानदार : कमाई तो तब होती है जब यह घड़ी मरम्मत के लिए आती है।

356 गाना-बजाना

ढब्बूजी : हमारे पड़ोसी बड़े अजीब हैं। रात भर चिल्लाते रहते हैं।

परिचित : फिर आप क्या करते हैं?

ढब्बूजी : कुछ नहीं, वैसे ही आराम से गाने का अभ्यास करता रहता हूँ।

357 पागल

डॉक्टर : आपको पागलखाने में क्यों लाया गया है?

ढब्बूजी : दरअसल, बात यह हुई कि मेरे रास्ते में एक औरत खड़ी थी। उसने घूरकर मेरी ओर देखा, रंग से भरी पिचकारी उठाई, हैंडल दबाया, रंग छोड़ा; फिर उसने घूरकर मेरी ओर देखा, रंग पिचकारी में भरा, हैंडल दबाया, रंग छोड़ा; फिर उसने घूरकर…

डॉक्टर : बस करो, मुझे लगता है, मैं पागल हो जाऊँगा!

ढब्बूजी : इसी कारण तो मुझे यहाँ लाया गया है, डॉक्टर साहब!

358 एक और जूता

ढब्बूजी : उस स्त्री ने मेरा अपमान किया।

कोई : मेरे साथ भी उसने बुरा सलूक किया।

ढब्बूजी : क्या तुम्हें भी उसने जूता मारा?

वही : नहीं, मुझसे शादी कर ली।

359 शक

श्रीमती ढब्बूजी : आज मेरे पति ने मुझसे कहा कि मैं उनके सिर्फ इसी जन्म की नहीं बल्कि सात जन्मों की पत्नी हूँ।

सखी : देखा, तुम फिर धोखा खा गईं।

श्रीमती ढब्बूजी : हैं! वह कैसे?

सखी : आठवें जन्म के लिए तुम्हारे पति ने किसी और से वादा किया होगा।

360 अब खतरा नहीं

ढब्बूजी : (मित्र के बेटे से) मुन्ने, तुम्हारे पिता से मैं इस वक्त मिल सकता हूँ?

मुन्ना : अवश्य! उन्होंने अपने जूते उतार लिये हैं।

361 राज-पीढ़ी-दर-पीढ़ी

सहकर्मी : मैं शादी करूँगा तो मुझे नौकरी से छुट्टी मिल जाएगी।

ढब्बूजी : क्या तुम अपनी शादी का रहस्य गुप्त नहीं रख सकते?

सहकर्मी : और अगर बच्चा हुआ तो?

ढब्बूजी : उस रहस्य का हिस्सेदार उसे भी बना लेना।

362 समझौता समझदारी का

चंदूलाल : अपने शब्द वापस लो। मैं तुम्हें पाँच मिनट का समय देता हूँ।

ढब्बूजी : और पाँच मिनट में मैं अपने शब्द वापस न लूँ तो?

चंदूलाल : अच्छा, तो तुम्हें कितना समय चाहिए?

363 पढ़ोगे-लिखोगे तो बनोगे···

'ढब्बूजी, आपने अपने मुन्ने को स्कूल में भरती करा दिया?'

'जी हाँ, छह महीने हो गए।'

'पढ़ाई से कुछ फायदा हुआ?'

'क्यों नहीं! अब सारे मोहल्ले के लोग उससे डरने लगे हैं।'

364 ख़ुशी की बात

ध्वजारोहण के लिए ढब्बूजी को आमंत्रण दिया गया तो ढब्बूजी कहने लगे, 'हर साल तो आप लोग किसी नेता को आमंत्रण देते थे। इस साल मुझे क्यों बुलाया गया?'

'अब आपमें और नेताओं में अंतर रहा ही कहाँ है!' यजमान ने बताया।

365 टेक्निकलर कहानी

एक दिन ढब्बूजी एक फिल्म प्रोड्यूसर के पास पहुँचे और उन्होंने एक फिल्म की कहानी सुनाई।

प्रोड्यूसर : आपकी कहानी पर ब्लैक एंड ह्वाइट फिल्म तो बन ही नहीं सकती।

ढब्बूजी : क्यों?

प्रोड्यूसर : कभी आपके हीरो का चेहरा लाल हो जाता है, तो कभी हीरोइन का चेहरा पीला पड़ जाता है, कभी विलेन नीला-काला हो जाता है, तो कभी कॉमेडियन गुलाबी···!